Para mi muñe[co]
alex Para que c[...]
ce a aprender i[...]
Para que sea un[...]
de bien; quiero que
aprenda el idioma españ[ol]
la lengua de tu familia
y el idioma mas lindo.
del mundo.
de tu Nonita que
te amo mucho...
Solemne de Ferreras
8/7/2019
Sto. Dgo., R. D.

¿Cómo rescato mi tranquilidad y mi esperanza?

Jorge Luis Hernández Denton

¿Cómo rescato mi tranquilidad y mi esperanza?

EDITORIAL DE LA UNIVERSIDAD
DE PUERTO RICO

Primera edición, 1999
Reimpresión, 2000, 2003

Catalogación de la Biblioteca del Congreso
Library of Congress Cataloging-in-Publication Data

Hernández Denton, Jorge Luis
¿Cómo rescato mi tranquilidad y mi esperanza? / Jorge Luis Hernández Denton. -- 1st. ed.
p. cm.
Includes bibliographical references.
ISBN 0-8477-0371-1 (pbk. : alk. paper)
1. Peace of mind. 2. Hope 3. Happiness I. Title.
BF637.P3H47 1999
158. 1 --dc21 98-51185
CIP

Tipografía: Lizeth Cruz Vélez
Foto de portada: Mark Bacon

Impreso en los Estados Unidos de América
Printed in the United States of America

EDITORIAL DE LA UNIVERSIDAD DE PUERTO RICO
PO Box 23322
San Juan, Puerto Rico 00931-3322
Administración: Tel. (787) 250-0046 / FAX (787) 753-9116
Dpto. de Ventas: Tel. (787) 758-8345 / FAX (787) 751-8785

Para mi querida Laura y nuestros hijos

Agradecimiento

Quiero agradecer a Rafael Acevedo Barrios, a Matilde Albert Robatto y a Teresita Santini Ramírez por su ayuda esmerada en la ardua tarea de corregir el manuscrito y, además, por sus palabras alentadoras en los momentos de desánimo.

Contenido

Prólogo

A finales de 1989 empecé a escribir unos apuntes, a manera de reflexiones, sin idea alguna de lo que haría con ellos, despertándome tarde en la noche o temprano en la madrugada para anotar los pensamientos que espontáneamente me venían a la mente. Se trataba de una vivencia maravillosa, como si desenterrara un cofre antiguo, lo destapara y pusiera en libertad un caudal de ideas y sentimientos que yacían en su interior. El fruto de estas ideas fue mi libro, *Reflexiones para el enfermo y su familia*, completado dos años más tarde.

Estaba en Medjugorje, Yugoslavia, cuando la chispa por escribir se encendió, visitando este pequeño pueblo campesino donde la Virgen María se les había aparecido a unos niños a mediados de 1981 y continuaba apareciendo, ocho años más tarde. Estaba en un viaje de peregrinación que se había iniciado en San Juan, Puerto Rico, junto a otros cincuenta compañeros.

De más está decir que mi estancia en Medjugorje fue conmovedora y trascendental. No sólo sentí la necesidad de escribir, sino también un gran deseo por auscultar la riqueza que yace en la vida espiritual. Me sentí como un explorador que acaba de encontrar un mundo nuevo y me fascinó la idea de que este mundo no estuviera afuera sino dentro de mi corazón. Era paradójico que tuviese que viajar miles de millas para conocer esta verdad.

De las muchas vivencias que experimenté en este viaje, todas de gran alcance, hay una que les quiero relatar en este prólogo, no porque sea la mejor, sino porque fue la que hizo posible que comenzara a escribir. Aunque soy católico de nacimiento, al llegar a Medjugorje llevaba muchos años sin confesarme, creo que desde mi juventud. Pero siendo esta aldea un lugar de conversión se da un fenómeno especial con la confesión o, mejor dicho, un despertar en los feligreses por ella, en busca de un nuevo giro en sus vidas.

Alrededor de la iglesia principal del pueblo, en la plaza que la circunda, miles de peregrinos de todas partes del mundo, de todas las razas, hacen largas filas esperando su turno para la confesión ante sacerdotes que, con pequeños carteles, señalan el idioma que hablan. A la intemperie, cada uno de estos sacerdotes se sienta en una silla plegable, junto a otra donde se acomoda el penitente, sentado o usándola de apoyo para sus brazos mientras se arrodilla frente a su confesor.

Ese día, cuando me confesé, hacía mucho calor. Mi grupo había divisado un sacerdote que hablaba español y allí fui a parar junto a muchos del grupo. Mientras esperaba mi turno, miré a mi alrededor, fijando mi vista en los rostros de los que como yo hacían fila: eran rostros serios, llenos de pena y otros secretos dolorosos de cuyo peso se querían desahogar. A pesar de la multitud, reinaba un silencio en la plaza que se interrumpía sólo por el ruido de los pasos de la gente o por las voces de niños que acompañaban a sus padres. Después de una larga espera, finalmente vino mi turno.

Sin entrar en detalle, basta decir que tuve la fortuna de confesarme con un sacerdote cuya mirada y palabras reflejaban su piedad y su sabiduría, dispuesto a compenetrarse con mis secretos, con comprensión y amor. Sentí que tanto él como yo estábamos completamente sumidos en la confesión, en nuestro diálogo, hasta perder la noción del tiempo y del lugar donde nos encontrábamos, olvidándonos que a nuestro alrededor había miles de personas, incluso sin percatarnos de que había empezado a lloviznar. Por unos instantes sólo él y yo existíamos junto a Dios.

Al final de la confesión recibí su consejo. Fue muy sencillo, a tono con los consejos de la Virgen María en sus apariciones en esta cautivadora aldea: hacer el rosario diariamente, empleando cada uno de los quince misterios como punto de partida para mis propias reflexiones sobre mi vida. Fue precisamente de esos pensamientos que surgían mientras hacía mi rosario matutino, como se materializó mi libro, *Reflexiones para el enfermo y su familia.*

Desde entonces comencé a escribir, al principio temprano por la madrugada, apenas había terminado el rosario; pero luego, los pensamientos me llegaban en cualquier momento y en cualquier lugar. Me venían en mi trabajo, en medio de las consultas con pacientes o durante una conversación con un amigo. Incluso surgían hasta en los momentos de diversión como en medio de un partido de tenis. Por eso comencé a llevar conmigo un lápiz y una pequeña libreta a cualquier lugar donde fuera para anotar mis ideas. Así llené varias libretas de anotaciones. Pero todavía no sabía qué hacer con ellas; hasta ese momento eran sólo parte de mi diario. Entonces ocurrió un incidente que me ayudó a dar cauce a mis reflexiones.

Pocos meses después de mi regreso de Medjugorje el sacerdote Ignacio Larrañaga visitó Puerto Rico para dirigir un retiro de silencio de siete días. Aunque sabía muy bien que mi trabajo como médico no me permitía sacar tiempo para tantos días, decidí asistir durante los primeros dos. Fue en ese corto retiro de silencio donde me vino a la mente la idea central del libro.

Me propuse relacionar estas reflexiones con las necesidades del enfermo de gravedad. Al principio mis reflexiones estaban orientadas a contestar aquellas preguntas que surgían en mí durante los misterios del rosario y reflejaban mi actitud ante la vida. Ahora me daba cuenta de que podía usar estas mismas contestaciones para responder también a las necesidades del enfermo.

La necesidad emocional y espiritual del enfermo no era una preocupación nueva para mí. Desde que soy médico, siempre he estado consciente de que toda enfermedad grave trae consigo un trastorno emocional y hasta existencial; es entonces cuando nos acosan preocupaciones sobre nuestra mortalidad y sobre las preguntas cardinales de nuestra existencia que subyacen latentes en nuestro interior: ¿de dónde venimos?, ¿qué somos? y ¿hacia dónde vamos? No es extraño que estas preguntas nos depriman; sobre todo, si durante nuestra vida no hemos dedicado tiempo para contestarlas, ni hemos desarrollado la fuerza espiritual para confrontarlas.

Lamentablemente nosotros, los médicos, cuando examinamos a los pacientes, no contamos con el tiempo necesario para atender el aspecto emocional inherente a la enfermedad. Muchas veces nos conformamos con recetar unos medicamentos para contrarrestar su ansiedad o su depresión. No obstante, en el fondo, sabemos que el paciente quiere de nosotros más que un medicamento; busca algunas palabras de consejo y de consuelo que sirvan de guía en su desdicha.

Ante este reto, me di a la tarea de llenar este vacío, tratando de ayudar al enfermo a soportar la carga pesada de su situación particular y, sobre todo, a rescatar la paz interior que había perdido con su enfermedad. Escribí un libro pequeño; quería que fuese breve y sencillo, comprendiendo que lo primero que pierde el enfermo con su dolor es la concentración en la lectura aunque ésta sea para su beneficio. No quería desperdiciar una palabra. El libro no era para entretener, sino para dar recursos a alguien que los necesitaba desesperadamente.

En 1991 se imprimió el libro y tuvo una gran acogida en mi país. Decenas de personas con enfermedades graves y sus familiares me enviaron cartas de agradecimiento por su publicación. Aun personas cuyas dolencias no eran físicas, sino más bien emocionales, me felicitaron. Ellos también habían encontrado en el libro recursos valiosos para enfrentar sus angustias.

Con la difusión del libro fue necesario asumir nuevas responsabilidades, dictando conferencias a pequeños grupos y compareciendo a entrevistas radiales y televisivas. En estas comparecencias elaboraba los temas del libro conforme al interés de la audiencia. Con el tiempo me di cuenta de que había dos temas que sobresalían entre las preguntas que se me hacían. Uno trataba sobre el capítulo titulado "La oportunidad de ser". Como se desprende del título, trata el tema de la búsqueda de nuestro significado en la vida. En él hablé sobre la importancia de alcanzar la plenitud de nuestro ser, pero nunca definí claramente lo que era esa plenitud. No quise hacerlo para no forzar al enfermo a alcanzar aquello que yo entendía como la plenitud de nuestra existencia, en un momento cuando lo que menos desea es una presión adicional a las muchas que acompañan su enfermedad.

El otro tema sobresaliente se centra en la espera del enfermo, sobre todo, la que atraviesa el paciente con una condicion incurable. Como me dijo un paciente de cáncer, la vida del enfermo es una espera constante desde que conoce su enfermedad, y muchas veces, en esa espera, no sabe cómo aprovechar su valioso tiempo.

Creo que tanto la plenitud del ser como nuestra espera en la vida son temas que están entrelazados; las preguntas y contestaciones que atañen a uno se relacionan con las del otro. Con la idea de elaborar ambos temas, me propuse escribir un libro más abarcador donde intento ayudar a aquel que, por razones físicas o emocionales, ha perdido su paz interior. Incluso trato de ayudar a aquellos que atraviesan algún período de crisis en su vida, tanto durante los tiempos tormentosos de la juventud o en los momentos de desasosiego del adulto como en la época de incertidumbre de la vejez. Todos ellos han perdido la paz interior, por distintas razones, y todos quieren rescatarla. Al aprender a esperar con paciencia y al definir mejor el camino hacia la plenitud de nuestro ser, estaremos más preparados para confrontar los momentos oscuros de nuestra vida y rescataremos la paz perdida.

I
Un viaje renovador dentro de nosotros mismos

1

Cuando perdemos el entusiasmo en nuestra vida...

El 5 de enero del 1995, en vísperas del día de Reyes, tuve la oportunidad de contemplar un cielo que estaba forrado de estrellas y luminosos planetas, como nunca antes lo había visto y, a la vez, presenciar las espumas resplandecientes que se encuentran en unas fascinantes aguas del mar Caribe. Estaba en La Parguera, Puerto Rico visitando su famosa bahía de aguas fosforescentes, producto de unos microorganismos extraordinarios que brillan como minúsculas estrellas. Poco antes de la medianoche, llegué acompañado de dos familiares, a tiempo para la última excursión.

La luna no había salido, y la noche estaba bien oscura y ligeramente cálida, justo lo deseado para presenciar la magia de la bahía. El muelle de donde saldría la lancha de excursión estaba silencioso, con dos decenas de jóvenes, evidentemente cansados por el jolgorio de las fiestas navideñas, que ya estaban en sus postrimerías. Tan pronto nos sentamos a esperar en el muelle, la lancha con la excursión anterior atracó y se bajó un grupo grande cuyos rostros alegres y miradas despiertas contrastaban con las nuestras. Se notaba en ellos un espíritu de celebración que más tarde comprendí.

Pocos minutos después que nuestro grupo se acomodó en sus asientos, la lancha zarpó. La embarcación no era grande, alrededor de treinta pies de largo, pero suficientemente ancha como para acomodar cuarenta personas, sentadas en un banco largo que circundaba el bote. Éste tenía un techo plano, sostenido por columnas de metal, lo que daba oportunidad a los excursionistas de disfrutar la amplia vista al mar, al cielo y a la costa, y de sentir la brisa marina, con su olor a sal, que acariciaba nuestra piel. Aunque la estructura del bote no parecía vieja, su motor sonaba como si hubiese hecho esta travesía durante medio siglo. Su ruido dominaba los sonidos de la noche y del mar.

Lentamente dejábamos atrás la claridad del muelle, el sonido de la música en los cafetines y las voces de la gente que deambulaba por las anchas aceras del puerto. La luna no había salido y la noche estaba oscura pero había tanta luz en el pueblo, producto de los faroles en las aceras, de sus cafés al aire libre y de los automóviles que paseaban por sus calles, que la luz de las estrellas apenas se veía. Esa luz artificial creaba una aureola sobre el muelle que poco a poco se hacía más pequeña desde la barca. Y mientras más pequeña se hacía, más brillante se divisaban las estrellas. Inicialmente se distinguían pocas estrellas separadas por enormes espacios negros, pero a los pocos minutos esos vacíos negros se llenaron de estrellas, unas al lado de otras, transformando el cielo, como un acto de magia, frente a nosotros. La noche ahora estaba totalmente estrellada.

Ya nos habíamos alejado lo suficientemente de la bahía como para no oír los ruidos del puerto. La algarabía de sus calles había quedado rezagada junto a la luz de pueblo, junto a las figuras que ya no se distinguían. El barco había zarpado hacia alta mar pero media hora más tarde cambió su ruta y comenzó a navegar en una trayectoria paralela a la costa. Reinaba un silencio en la barca y solo se escuchaba el ruido incesante y monótono del motor.

De repente cambió nuevamente su ruta y se orientó hacia la costa, dirigiéndose a una bahía cuyos contornos apenas se vislumbraban en la noche. Paulatinamente entramos en ella, en su remanso de aguas plácidas. Fue entonces cuando presenciamos otro acto de magia que ahora surgía de estas aguas oscuras. Ya no era sólo el cielo lo que estaba lleno de estrellas, ahora el mar también se llenaba de luceros, de los que dimanaban estelas de luz brillante. La espuma de las olas que embestían la proa iluminaban el frente del bote.

Gradualmente el capitán redujo la velocidad de la embarcación al punto que casi no oíamos el ruido del motor. Reinó por unos segundos un silencio maravilloso entre todos los pasajeros, como si le estuviésemos dando gracias a Dios por esta oportunidad de ser testigos de esta escena esplendorosa. Luego se apoderó de nosotros un sentimiento profundo de alegría y de celebración.

En esos instantes dejamos de ser adultos y nos sentimos niños otra vez. La noche estrellada, las olas llenas de luceros, el silencio de la noche, todos juntos habían despertado en nosotros unos sentimientos maravillosos, tan esplendorosos como el propio mundo que estábamos viendo.

Nos sentíamos espontáneos y, como niños, metíamos las manos en los cubos de agua que la tripulación sacaba del fondo del mar saturados de luceros que se deslizaban entre nuestros dedos. Sentimos lo bueno de ser niño, de tener un espíritu explorador, de ser juguetón, de sentirnos fascinados con la vida. Muchos empezamos a reírnos a carcajadas según experimentábamos nuestra propia transformación. Los rostros se llenaban de amplias sonrisas a medida que nuestros ojos se mantenían bien abiertos y la mente alerta, para no perder ni un detalle de aquel momento maravilloso.

Entre todos los pasajeros reinó el espíritu de solidaridad que antes yacía oculto. El vecino que hasta ese momento viajaba a mi lado ya no era un ser distante, un extraño sin rostro. Por primera vez en el viaje nos hablamos, mirándonos a los ojos. Por primera vez me fijé en su rostro y él en el mío a pesar de la oscuridad de la noche. Era un hombre delgado, un poco más alto que yo, de semblante agradable.

Le acompañaban su esposa y sus dos hijos pequeños. La noche

refrescaba, el viento soplaba y el menor, de cinco años, se quejaba de frío. Sus padres habían expresado su preocupación y ahora su frío era también mi preocupación. Me quité un abrigo liviano que había llevado en caso de que enfriara y se lo ofrecí. El niño se cubrió con él y al parecer sintió calor y alivio. Los padres agradecidos se sonrieron conmigo; todos disfrutábamos de la profunda belleza de la noche.

Atrás en el puerto, habíamos dejado el mundo del adulto, un mundo donde cada cual vive refugiado en su pequeño caracol, de donde sale ocasionalmente por necesidad, cubriéndose con unas máscaras que ocultan su hermoso rostro verdadero. Se trata de un mundo donde lo espontáneo y natural se ha perdido, donde lo mejor de nosotros, la naturaleza amorosa, se oculta de los demás y muchas veces hasta de nosotros mismos, detrás de falsas ilusiones y engaños.

En el niño dentro de nosotros encontramos nuestra auténtica manera de ser: nuestra naturaleza espontánea y amorosa, llena de buenos sentimientos hacia los demás. Allí recuperamos nuestro espíritu explorador y juguetón con una sonrisa cándida. Es allí donde encontramos la manera de ser que Dios deseó para nosotros.

Quizá por eso nos gusta tanto viajar; no en busca de entretenimiento como aparentamos, sino en busca de nuestro ser, auténtico y maravilloso. Quizá por eso nos tenemos que alejar del mundo cotidiano como lo hicimos en la embarcación y separarnos de toda esa luz artificial y todo el ruido urbano, para hallar ese esplendoroso mundo que está dentro de nosotros, nuestro gran tesoro interior sin el cual jamás podemos llegar a la plenitud de nuestro ser.

2

... o no podemos reconocer nuestra propia naturaleza amorosa

Amar es la expresión libre de fuerzas poderosas que surgen de nuestro interior, fuerzas que nos conducen hacia la unión con otros seres humanos y nos alientan a abrir nuestros corazones para adentrarnos en sus vidas. Amar es la germinación de una semilla que Dios ha puesto en nosotros para guiarnos hacia el camino que nos conduce a la verdadera plenitud de nuestro ser.

La fama, el autómovil de lujo, las propiedades o las fortunas no compensarán nunca la falta de amor ni la incapacidad para vivir en unión con nuestros seres queridos. Sin esas virtudes vivimos solos, en el gran vacío que sentimos ante la falta del calor humano. ¿Para qué sirven esos bienes materiales si no tenemos con quién compartirlos? Todo castillo se vuelve una choza cuando en él nos sentimos solos.

Pero no basta con albergar la semilla de amor en nuestro interior. Es sólo el primer paso, al que debe seguirle otro: aprender a darle curso libre a nuestro sentimiento amoroso. Si no aprendemos el arte de amar, como lo llamó el ilustre sicoanalista Eric Fromm, esa semilla no germinará plenamente.

Este arte, tan importante para nuestra vida, no se aprende en un salón de clases. Lo aprendemos en aquellos lugares de nuestra comunidad donde se emplean los valores que fomentan el amor: en el hogar, en la iglesia, en las escuelas, en la calle y en el parque, con el ejemplo de nuestros padres, nuestros amigos, los maestros, los titulares eclesiásticos, los medios de comunicación y los líderes cívicos. De todos ellos aprendemos por imitación el arte de convivir y de amar. De este aprendizaje depende, en gran medida, nuestra felicidad individual y nuestra salud mental.

Una de las causas principales de la depresión y otros trastornos mentales que agobian nuestra sociedad, radica en nuestra incapacidad para amar. La estabilidad emocional no es posible si no podemos amar, si no podemos establecer lazos perdurables con nuestros seres queridos. No podremos ser plenamente felices si no compartimos nuestra felicidad con nuestros seres más cercanos; sea nuestro cónyuge, nuestros hijos, nuestros padres o con otras personas que se han convertido en seres importantes para nuestras vidas. La unión con ellos es un modo de vida en el amor, como lo es también la vida en unión a Dios, a la cual nos referiremos en otros capítulos del libro.

Uno de los mayores logros y también de los más difíciles de alcanzar, es la relación íntima plena entre cónyuges. Esto no debe extrañarnos, ya que se trata de un acercamiento entre dos personas que provienen de crianzas y estilos de vida diferentes, cuyas ideas y emociones se expresan en formas distintas. Es decir, dos mundos distintos que tratan de enlazarse. Para que esta unión crezca, el amante debe reconocer en el ser amado la existencia de un ser amoroso. Sus sentimientos y sus buenas intenciones, la esencia misma de su manera de ser, deberían conmoverle. Sobre esta base se funda el amor profundo y perdurable.

Cuando nos infatuamos con alguien, o sea, un amor superficial, nos sentimos cautivados por los atractivos físicos y no vemos que lo esencial está en el fondo, no en la superficie, pero cuando nos enamoramos de verdad, de manera perdurable, nos enamoramos de la esencia del otro. En esa esencia, encontramos lo mejor de su ser.

Al no reconocer el ser amoroso que existe en el otro y de percibirle como ser único estamos destinados a fracasar en la vida íntima. A veces la monotonía de la cotidianidad nos hace insensibles a los gestos de amor del otro. Damos por sentados la bondad y el afecto que el amante nos ofrece, sin ver la belleza que encierra. Cuando dejamos de reconocer y valorar el amor y la atención que el amante tiene con nosotros, la vida íntima se desgasta.

¿Cuántas veces hemos hecho esfuerzos enormes para complacer a la persona amada y luego nos hemos sentido frustrados porque aquella persona no reconoció que nuestra intención era sólo para complacerla? No lo juzgó así y pensó que uno lo hizo para complacerse a uno mismo y no a ella o quizá pensó que se trataba de una tarea más que había que hacer, entre las muchas que las parejas hacen día a día en un hogar.

El amor necesita la comunicación clara, sincera y tierna que exprese los sentimientos que nutren las vidas de la pareja. Para crecer, el amor necesita un lenguaje espontáneo como son las palabras tiernas, las caricias o los pequeños gestos por mera complacencia: una nota amorosa o juguetona, una flor, una caja de chocolates... Se trata del lenguaje singular que comparten los novios cuando se están enamorando.

A veces pensamos que este tipo de comunicación es un preámbulo al amor verdadero, pero en efecto se trata de la esencia misma del amor. Sin esos detalles que expresan nuestra sensibilidad hacia la persona amada, nuestra relación se convierte en una convivencia habitual, sin encanto ni sorpresas.

Recuerdo claramente los relatos de una paciente de noventa años cuyo esposo había muerto hacia diez años. Había pasado mucho tiempo, pero ella todavía recordaba su convivencia con él como si hubiese ocurrido el día antes. El amor entre ellos fue cautivador y todavía ejercía un hechizo en ella. Cuando se refería a él, lo que siempre resaltaba eran los detalles de su trato hacia ella: la nota cariñosa que le dejaba sobre su almohada, las dos rosas que colocaba semanalmente en la alcoba, su invitación a cenar o bailar los viernes y su insistencia por rezar siempre juntos, cogidos de las manos, antes de dormir.

En efecto, la relación amorosa está fundada en el detalle de los gestos entre los amados. Los detalles con la persona amada son un reconocimiento afirmativo de su existencia e importancia en nuestra vida. Desafortunadamente, la falta de atenciones que reconozcan la importancia de la persona amada es motivo del resentimiento que crea el distanciamiento entre los amantes. En el fondo, nos gusta que se destaque nuestra importancia y que se nos trate con consideración porque nuestra valía personal no depende sólo de la manera en que nosotros nos percibimos a nosotros mismos sino también del trato que recibimos de los seres queridos. Si no nos dan el valor que nos merecemos, habrá razón para el resentimiento y el distanciamento.

A veces nos encontramos como que no tenemos el tiempo para los detalles de la vida íntima, pero es precisamente en un clima de detalles donde florece la vida amorosa. Con ellos es que se le da plenitud a la vida íntima. Por eso debemos detener nuestra carrera diaria y sacar el tiempo para encontrar la palabra amorosa sin la cual el amor no crece, se seca y muere.

3

... o hemos perdido el gozo de compartir

Es evidente que nuestra sociedad sufre de un terrible deterioro en las relaciones de sus parejas; la vida emocional de éstos está empeorando vertiginosamente. La solución no está fuera de nosotros a manera de una píldora o una mercancía, sino dentro de nosotros: en nuestra capacidad de compartir con nuestros seres queridos.

El problema del desgaste en la vida emocional de la pareja se debe, en gran medida, al deterioro de nuestra sensibilidad, a nuestra incapacidad para comprender los deseos y los sueños y también los miedos e inseguridades de la persona amada. Mientras más sensibles somos ante las necesidades e inquietudes de la persona amada, mejor podemos compartir con ella.

¿Por qué nuestra falta de sensibilidad? Quizá la contestación se encuentra en nuestro pasado, en nuestra crianza. Por obra de Dios, nacemos con una semilla maravillosa que es el núcleo mismo de nuestra naturaleza amorosa. Esta semilla se encuentra en lo más recóndito de nuestro interior, lista para germinar y expresarse plenamente, siempre y cuando se le dé el abono apropiado que la ayude a crecer, como igualmente lo requieren nuestros hijos para hacerse más sensibles a las necesidades de los demás y para aprender a compartir la vida en común.

Compartir es en sí un arte que, como la semilla, no crece con facilidad porque, a pesar de nuestra capacidad para amar, también existe en nosotros una fuerza egocéntrica que debemos domar para que nuestra naturaleza amorosa se exprese cabalmente. Compartir requiere aprendizaje y práctica como cualquier oficio. Nuestros grandes maestros son nuestros padres y de ellos aprendemos, no solamente con sus consejos sino, más importante aún, con sus ejemplos vivos, como lo mencionamos en el capítulo anterior.

La tarea de aprender no es sencilla porque lo que reina en la infancia es nuestra urgencia por apropiarnos de todo lo que nos rodea. Nuestra personalidad está en formación y su gestión principal es reclamar; reclamar alimentación, atención, ternura y seguridad. A los pocos años se le añaden a esta lista los bienes materiales y todo lo que está en el camino. Nuestra mentalidad infantil vive un gran vacío y se sacia de su entorno como si fuese el centro de un remolino.

En un clima donde años más tarde todavía impera la fuerza de nuestro carácter infantil, es tarea árdua aprender el arte de compartir. El tener de más es una manera de afianzar nuestra personalidad, de afirmar nuestra importancia y hasta nuestra estima. En cambio, el acto de compartir va en contra de la dirección de nuestras fuerzas internas que se encaminan hacia la satisfacción de nuestras necesidades. Para poder compartir tenemos que aprender a darle importancia a las necesidades de los demás; debemos invertir nuestras energías y dirigirlas hacia el prójimo y no hacia nosotros mismos.

No se trata solamente de compartir bienes materiales. Esa tarea no es tan difícil, principalmente cuando los bienes materiales abundan en el hogar. Más difícil es la tarea de compartir privilegios y atención. Cuando aprendemos realmente a compartir, por ejemplo en nuestro núcleo familiar, le damos la oportunidad a los demás de disfrutar de los mismos privilegios que nosotros tanto deseamos y de recibir la misma atención. Esto es, aprendemos a esperar nuestro turno, sin sentirnos privados por ello.

En resumen, cuando compartimos ponemos en función uno de los elementos más hermosos de nuestro ser: nuestra sensibilidad. Esta se fundamenta en el cultivo de un corazón grande, presto para comprender, para compartir y para reorientar las fuerzas egocéntricas que también yacen en nuestro ser.

4

Cuando la distancia hacia la casa del vecino se torna cada día más larga...

El amor está fundado en el acto de darle lo mejor de nosotros mismos a los que amamos. Mientras más amamos a unas personas, más centramos nuestra atención en ellas. Por ello las personas amadas se convierten en eje principal, en torno al cual gira nuestra vida.

Nuestro amor, en sí, tiene carácter selectivo porque recae sobre unos pocos. Por eso se dice que la naturaleza del amor es egoísta. Pero no es cierto; no se trata de que el amor sea egoísta, sino que nosotros somos egoístas en el amor. La auténtica naturaleza del amor nos abre el corazón a todo el que quiere entrar en él, aunque sea por unos instantes. El amor no excluye, pero el egoísmo si excluye.

Desafortunadamente, en ocasiones somos demasiado selectivos con nuestro amor, excluyendo completamente a los que no son parte del grupo preferido, incluso hiriendo sus sentimientos. Esa no es la la manera de amar que Dios prefiere para nosotros. Podremos amar más a unos pocos pero no por ello debemos dejar de amar totalmente a los demás. Todos merecemos recibir parte de la abundancia de amor que Dios nos concede, aunque sea pequeña.

Siempre recordaré un incidente durante una misa dominical. Estaba solo, sentado detrás del banco donde había un matrimonio con sus tres hijos: dos varones adolescentes y una niña de algunos ocho años. Me llamó la atención el trato amoroso y respetuoso entre ellos. Era evidente que una gran armonía reinaba en esa familia, incluso había armonía hasta en los colores de sus vestidos. Para mí, en esos instantes, ellos constituían el modelo ejemplar de la familia cristiana.

Así pensé de ellos hasta justo antes de la comunión, en el momento del saludo entre los feligreses. Yo saludé a los vecinos que estaban a mi lado y a los que estaban sentados detrás. Luego los vi a ellos, abrazándose efusivamente entre sí, pero no bien terminaron el saludo entre su familia, no hubo gesto alguno para saludar a los vecinos ni de al frente ni de atrás; ni siquiera miraron a manera de saludo cordial. Sencillamente el saludo era entre ellos y nadie más estaba invitado a la celebración, demostrando así lo que significaba el amor para ellos; una experiencia basada en la exclusión.

No hay duda alguna de que existía mucho amor en esa familia, pero era un amor que sólo podían compartir entre ellos. Mi primera reacción fue de disgusto, luego sentí pena por ellos pues entendía que habían asistido a misa cientos de veces y nunca habían aprendido el mensaje de amor que Dios Padre desea para todos nosotros.

Aunque seamos selectivos en el amor, no por ello debemos dejar de ser amables y generosos con los demás, expresando así nuestro amor a ellos también, si bien con menos intensidad. Debemos siempre recordar que todos somos hermanos, al ser hijos de un mismo Dios, nuestro Padre.

5

... o se nos hace difícil reír y jugar

Lo auténticamente espontáneo en nosotros es ser amorosos y aunque seamos adultos, también ser como niños, con el ánimo juguetón y espíritu explorador. De ese niño en nosotros es que surge en gran medida nuestra espontaneidad.

Todos sabemos que la niñez es una de las épocas más hermosas de nuestra vida. En esa etapa somos como esponjas, con ansias ilimitadas por saciarnos de todo lo que nos rodea, con un enorme interés por aprender el porqué de los sucesos, abrumando a los padres con una lista interminable de preguntas, que en sí generan más preguntas que contestaciones. Igualmente somos pequeños payasos dotados de una energía inmensurable para el juego.

Poco a poco crecemos y nos convertimos en adultos. En este tiempo aprendemos que hay aspectos del niño que no son propios del adulto porque entran en conflicto con nuestro crecimiento y, sobre todo, con la expresión de nuestra misma naturaleza amorosa. Por eso no deseamos que permanezcan en nosotros el egocentrismo, la necesidad de apropiarnos de las cosas y de no compartirlas y la urgencia por satisfacer las necesidades inmediatas.

Pero hay otros aspectos del niño que no entran en conflicto con nuestra naturaleza amorosa; al contrario, la complementan. Entre ellos está la preferencia por reírse de los sucesos de la vida, el buen sentido de humor y el espíritu explorador. Aunque luego como adultos nos convirtamos en seres responsables y realistas, no por ello debemos cerrar las puertas a los aspectos del niño dentro de nosotros que enriquecen nuestra vida. Lo acertado sería que le hiciéramos espacio a lo imaginativo y juguetón de nuestro niño interior, para que conviva con nuestro mundo de adulto.

Es al niño en nosotros a quien le gusta reírse a carcajadas, entretenerse con los juegos de mesa, salir al aire libre, mecerse en los columpios de los parques, esconderse detrás de los árboles, caminar por la orilla en busca de caracoles y bañarse en las cálidas aguas del río o del mar, celebrando con una risa contagiosa las bellezas que el día y la noche le proporcionan; es decir, que aparenta desperdiciar el tiempo, pero lo está disfrutando a fondo.

Ese espíritu juguetón y esa risa espontánea es precisamente lo que más falta le hace al adulto para restarle seriedad a sus asuntos. En esta etapa de nuestra vida nos tomamos demasiado en serio, tanto en nuestros pensamientos como en nuestros actos y le damos más peso a nuestros problemas de lo que realmente merecen. Diferente al niño, pasamos un tiempo incontable abonando nuestra seriedad, enjuiciando nuestros propios actos, sintiendo culpa por ellos o pasando juicio por los actos de los demás. Todo esto lo hacemos con alto sentido de seriedad. Probablemente somos así porque, al desempeñarnos como jueces, nos sentimos dotados de sabiduría y experiencia, sintiéndonos importantes como personas.

Parece paradójico pero lo cierto es que la risa y el buen sentido de humor que conservamos de nuestra niñez nos permiten ser más realistas ante el mundo, porque le restamos importancia a nuestros asuntos, poniéndolos en su justa perspectiva. Con nuestra seriedad, solemos exagerar las dimensiones de nuestros asuntos al punto de distorsionar su realidad; muchas veces los tratamos como si fuesen asuntos de vida o muerte o como si las consecuencias de nuestros actos cambiaran el curso de nuestra vida o las vidas de otros cuando, en verdad, rara vez lo pueden hacer. Dada nuestra exageración pasamos horas muertas revisando cada rincón del problema, sintiéndonos en cada momento más esclavizados por él, al punto de entrar en un ciclo vicioso de análisis que nos conduce, no a una salida o solución, sino a un ensimismamiento cada vez más intenso y cautivo.

No obstante, la risa de nuestra niñez y el espíritu juguetón tienen la enorme capacidad de interrumpir este ciclo y de desinflar nuestra ira, celos o envidia y hasta nuestras inseguridades y miedos; trabajan como una válvula de escape para que nuestro globo interno no estalle. Al hacernos reír de las exigentes expectativas que tenemos de nosotros mismos y de los demás, nos humanizan y nos hacen poner los pies sobre la tierra para poder seguir adelante en nuestra vida con una carga ligera.

6

... o nos sentimos aburridos y agobiados por nuestra falta de curiosidad

Tan fascinante es el niño por su sonrisa y su preferencia por el juego como lo es por su espíritu explorador. De hecho, el niño resulta ser un gran explorador del mundo y su mejor instrumento para explorarlo es su imaginación.

La imaginación es uno de los instrumentos más valiosos de nuestra mente. Con ella podemos explorar mundos desconocidos a base de las piezas que componen el mundo conocido, pero alterándolas o empleándolas de manera singular, para descifrar lo nuevo. Asimismo nos permite explorar algo ya conocido, pero ahora desde otros puntos de vista y, al hacerlo, descubrir algo nuevo en aquello que pensábamos que era viejo y bien conocido y, sin embargo, para nuestra sorpresa no lo es.

La imaginación nos permite ir más allá de los límites de nuestro cuerpo y nos transporta a lugares lejos de nuestro espacio real, incluso experimentamos sensaciones como si en verdad estuviésemos allí. Por unos instantes podemos vivir lo que experimenta el pasajero dentro de un avión que atraviesa los cielos, mientras en otro instante estamos de vuelta a la tierra, viendo el mismo avión dejar atrás una estela de humo blanco a lo largo del horizonte. Podríamos hasta transportarnos dentro del alma de otra persona para ver la realidad desde su punto de vista y conocer mejor el motivo de sus actos.

Además, la imaginación nos da la oportunidad de remontarnos a épocas del pasado, en las cuales nunca vivimos e imaginarnos lo que fueron, o de visitar de nuevo los lugares donde estuvimos para revivir ese pasado. Al hacerlo, resurgirán emociones, bien sea de alegría o ternura, bien de tristeza o coraje, inherentes a esos sucesos. Por otro lado, la imaginación nos permite proyectarnos hacia el porvenir, hacia el futuro y construir imagenes de lo que podría suceder.

Así de amplia es la capacidad de nuestra imaginación y así de entretenida para la mente activa del niño. Cuando mirábamos las nubes, veíamos en su lugar elefantes, leones, pájaros, jirafas, árboles, bolas de humo que flotaban en el aire y que al compás de los movimientos de las nubes, se transformaban en nuevas figuras. Veíamos el cielo como un lienzo para trazar figuras que resaltaban de las nubes, que aparecían y desaparecían, según la creatividad de nuestra imaginación.

¿Acaso no deberíamos rescatar esa actitud infantil, tan nutrida por la imaginación, para recuperar parte del sentido de libertad que experimentábamos en esa época cuando vivíamos con una mente fecunda y sin límites, o sea, para darle curso libre al espíritu explorador que habita en nosotros?

Desafortunadamente con los años perdemos a ese niño explorador que habita en nosotros y nos convertimos en seres muy lógicos, orientados al cúmulo de información y no al desarrollo de nuestra imaginación. Preferimos tener una actitud pasiva ante el bombardeo masivo de noticias por nuestros medios de comunicación y aceptamos la veracidad de los informes, en vez de tener una actitud crítica ante esa información, cuestionando los hallazgos. Dejamos de ser buenos detectives, al estilo de nuestro ídolo Sherlock Holmes, confiados como él, en nuestra capacidad para pensar y en nuestros cincos sentidos los cuales podemos emplear a plenitud y, en vez, nos convertimos en tenedores o almacenadores de información. Dejamos de soñar y nos dedicamos meramente a la monótona tarea de reaccionar ante los problemas que nos ocupan y aturden.

En nuestros años de adultos dejamos de ser el niño juguetón y explorador que fuimos. De vez en cuando lo rescatamos, sobre todo cuando nos damos un viaje de diversión. No es lo fabuloso del lugar lo que más disfrutamos, sino la experiencia de ser niños otra vez. El viaje en sí despierta el niño que duerme dentro de nosotros, el mismo que tanta alegría nos da cuando se levanta.

Cuando visitamos una ciudad desconocida, la exploramos con el entusiasmo del principiante. Dejamos atrás nuestro miedo a lo desconocido y nos aventuramos hasta tarde en la noche con el deseo de que el día nunca termine. De la misma manera que sucede en un niño, nuestros sentidos se avivan y nos percatamos de nuevo de la belleza que nos rodea, gozando al máximo de cada instante.

Sin duda eso mismo le hace falta a nuestra mente de adulto que vive medio apagada o, mejor dicho, saturada por la infinidad de información que la acosa. Definitivamente deberíamos rescatar el niño en nosotros, si queremos sentirnos plenamente vivos otra vez.

7

Cuando perdemos la capacidad de asombro ante el tesoro en nuestro interior...

El que tiene conciencia de sus propios recursos, allana el camino hacia la plenitud de su ser. Al vivir orgulloso de su tesoro interno, no siente miedo ni reticencia de ponerlo de manifiesto, fortaleciendo así su valía personal y su estado emocional. Podrá sufrir vaivenes emocionales con los embates de la vida y sentirse deprimido ante una gran pena, pero no pasará mucho tiempo antes de recuperarse de ella. Su sólida base emocional le permitirá una pronta recuperación.

¿Por qué se nos hace muchas veces difícil reconocer la grandeza de nuestros recursos? En gran medida, por causa de nuestra crianza y nuestra experiencia con aquellos que moldean nuestra formación, como son nuestros padres, hermanos, amigos, maestros y todo aquel que deja huellas profundas en nuestro carácter. Si esas personas nos ven con ojos de admiración y orgullo, también nos sentiremos orgullosos de nosotros mismos; si nos encuentran inteligentes, nosotros también nos sentiremos inteligentes y lo mejor de nuestra aptitud mental saldrá a relucir.

Por el contrario, si no distinguen el tesoro que poseemos, nosotros tampoco lo veremos y, si alguna vez lo vimos, asimismo dejaremos de reconocerlo, al no verlo reflejado en sus ojos. Tarde o temprano perderemos confianza en nuestras facultades y lo mejor de nosotros quedará oculto. Si nos consideran como a niños con malos sentimientos, la imagen de niño malo dominará nuestra conciencia.

Esa imagen será la que guiará nuestros actos en lugar de la imagen del niño bueno y capaz que yace oculta en el fondo de nuestra naturaleza. Y así nos privamos de nuestra propia belleza y de todo lo espontáneo que Dios nos ha dado: de nuestra naturaleza amorosa, de nuestro espíritu explorador y juguetón y de los recursos maravillosos que encontramos en nuestra mente y cuerpo.

Por eso nuestra crianza, nuestros años de infancia y juventud, son tan importantes en nuestra formación y, sobre todo, en la visión que tenemos de nosotros mismos. Se trata de una época fecunda pero a la vez frágil, cuando somos más vulnerables a las influencias de aquellos que nos acompañan y nos crían. De ellos dependemos en gran medida por lo que somos.

Recuerdo vívidamente un mal momento en mi vida, del cual me pude recuperar gracias a la intervención amorosa y paciente de mi madre. Me hallaba en el primer grado de una escuela primaria donde todas las asignaturas menos la de español se estudiaban en la lengua inglesa. Yo tenía seis años y apenas sabía unas pocas palabras en aquel idioma tan extraño para mí. No obstante, mis padres querían que aprendiera un buen inglés y por eso estaba en una escuela norteamericana, junto a mis otros hermanos.

Fue un año muy frustrante, puesto que solía recibir calificaciones mediocres en la mayoría de las asignaturas a pesar de mi continuo esfuerzo. Mi peor clase era la de ortografía porque no podía entender bien la pronunciación de la maestra norteamericana con su marcado acento sureño. Incluso opté por aprender de memoria la lista de palabras que asignaban semanalmente, y en las pruebas las escribía en el orden que aparecían en el libro, obviando así el problema auditivo que tenía con el balbuceo ininteligible de la maestra.

Esta táctica rindió frutos por un tiempo breve, hasta el día en que la profesora comenzó a cambiar el orden de las palabras mientras las dictaba. Jamás esperaba esto y, como no podía entender bien lo que ella pronunciaba, seguí adelante escribiendo las palabras en el orden que había aprendido. Ese día la maestra me reprendió luego de corregir mi examen y hasta sospechó que había copiado del libro. Por eso pidió que la administradora avisara a mi madre, quien rápidamente vino a mi salón. En un aparte le expliqué a mi madre cómo la maestra me había confundido al alterar el orden del dictado. Ella entendió mi apuro y me defendió con firmeza. No obstante, la maestra insistió en que yo debería aprender a escuchar las palabras y continuó con su nuevo método. En fin, mis notas que hasta el momento habían mejorado, empeoraron dramáticamente en esa asignatura.

No sólo me sentía triste sino también avergonzado. Después de cada examen, en un cartel que estaba al lado de la pizarra principal, la maestra colocaba una estrella frente al nombre de aquellos estudiantes que habían sobresalido en la prueba. Al principio había acumulado unas pocas estrellas, pero ahora con el nuevo método dejé de tenerlas.

Mi madre estaba consciente de mi frustración y, de buenas a primeras, una mañana me encontré que ella había hecho un cartel idéntico al de la escuela y, además, había comprado unas decenas de estrellas. En el cartel había escrito mi nombre. Me dijo: "Jorge, si sabes deletrear bien las palabras que yo te dicte antes de tu prueba en la clase, yo te pondré una estrella sin importar lo que pase en la escuela". Así empecé gradualmente a llenar mi propio cartel con estrellas, aunque en la escuela todavía no descifraba bien el acento sureño de la maestra y, por lo tanto, seguía con pocas estrellas. Sin embargo, con el tiempo comencé a entender mejor a la maestra y por fin mi nombre en el cartel del salón empezó a tener estrellas. En todo este tiempo mi madre siempre me decía: "Ya verás lo bien que saldrás. Eres una estrella para mí". Gracias al estímulo de mi madre, me sobrepuse a ese año de prueba y me convertí en un estudiante ejemplar.

8

... o hemos perdido la fe en los recursos de nuestra mente

Nuestra memoria es una muestra de las maravillosas funciones de nuestra mente. Está colmada de palabras, frases y oraciones; de números, ecuaciones y cómputos; de ritmo, movimientos y sonidos; de colores e imágenes; de teorías e ideas que hemos almacenado durante el curso de nuestra existencia. Su enorme capacidad para acumular los eventos de nuestra vida resulta asombrosa.

Basta con señalar una faceta de nuestra memoria para demostrar su grandeza: nuestra memoria lingüística. Su envergadura es tan amplia que puede compararse con las caudalosas aguas de los océanos donde habitan millones de peces. Pero en vez de escuelas de peces, nuestra mente alberga un sinnúmero de palabras y frases, enlazadas entre sí como sinónimos, antónimos o de algún otro modo, y, a la vez, entrelazadas con las imágenes que evocan. Es evidente que los vocablos que más empleamos en el diálogo cotidiano son aquellos que yacen más cerca a la superficie de nuestra conciencia, mientras que aquellos que están en el fondo los usamos menos, reservándolos para el lenguaje escrito o un discurso formal. Cuando hablamos o escribimos, ponemos en función nuestra memoria y nos convertimos en pescadores de palabras y de frases que unimos para formar oraciones que expresan nuestros pensamientos. ¡De esta forma trabaja nuestra maravillosa memoria!

Si esplendorosa es esta faceta de nuestra mente, igualmente

lo son sus otras facetas. Nuestra mente no sólo organiza nuestras vivencias, nuestras observaciones y nuestros pensamientos para que podamos usarlas en el futuro, sino que establece lazos entre ellos por medio de los billones de conexiones que existen entre las neuronas del cerebro. Esta red de comunicación establece asociaciones entre diferentes eventos y distingue sus puntos de convergencia y sus diferencias: una de las funciones más importantes de nuestra inteligencia.

Sin duda nuestra mente está llena de rincones que rigen sus diversas funciones y cada uno en sí alberga un mundo extraordinario. No obstante, hay uno que sobresale sobre todos los otros por su extensión y su enorme consecuencia sobre nuestra vida. Se trata de nuestro maravilloso inconsciente que calladamente gobierna nuestros pensamientos, nuestros actos y nuestra conciencia.

Si grande es nuestro mundo consciente, mucho más extensas son las dimensiones del mundo inconsciente sobre el cual se sostiene. Vivimos sin percatarnos de su existencia pero, de vez en cuando, somos conscientes de su presencia como, por ejemplo, cuando nos acostamos con un problema sin resolver y, al despertarnos en la madrugada, nos encontramos con la solución correcta. En ese instante nos damos cuenta del hecho de que, mientras nuestro consciente dormía, nuestro inconsciente había seguido trabajando y analizando los elementos del problema hasta llegar a una contestación que en seguida reconocemos como la acertada. Su capacidad de trabajo no tiene límites y su naturaleza creativa es asombrosa.

Quizá sea en su capacidad curativa donde más evidente se hace su vasta riqueza. Durante el desempeño de nuestro oficio, nosotros los médicos usualmente somos indiferentes al papel importante que tiene la misteriosa fuerza curativa del inconsciente en el paciente común. Creemos que sólo los medicamentos son los que sanan al enfermo. De hecho, nos mantenemos ajenos a esta fuerza curativa salvo cuando surge el caso especial de curación que no podemos explicar con los métodos científicos. Entonces es cuando nos acordamos de que los anales de la medicina están colmados de casos parecidos, donde este poder curativo del inconsciente se hace patente.

Recuerdo el primer caso que puso a prueba mi formación científica. Le había hecho una evaluación de intestino grueso a un paciente por medio de un instrumento llamado colonoscopio. Descubrí, con mis propios ojos, la presencia de un sinnúmero de crecimientos o pólipos localizados por todo el intestino grueso y le tomé muestras para documentar su patología. Los exámenes indicaron que los pólipos eran benignos, pero tenían el potencial de tornarse malignos. A la semana del estudio endoscópico le informé los hallazgos al paciente.

Esa misma noche unos amigos le invitaron a una misa de sanación, a cargo de un sacerdote que, tras su milagrosa curación de una enfermedad grave, se había convertido en un incansable predicador de los poderes de la sanación divina. El paciente me narró luego como, durante la misa, un calor se apoderó de su cuerpo, empezando por su cabeza hasta llegar a sus pies, centrándose luego en su abdomen. Sintió que el mal en su cuerpo se había reducido en tamaño hasta finalmente desaparecer. Al próximo día fue a mi consultorio a contarme la experiencia que había tenido y me pidió que le hiciera un estudio radiológico del intestino grueso, la enema de bario, para examinar sus pólipos intestinales. Fue tan insistente que tuve que consentir y, para mi sorpresa, se encontró que los polipos ya no existían. Quedé tan sorprendido que decidí repetirle el estudio endoscópico y pude confirmar la desaparición de esos crecimientos de los cuales antes había clara documentación. Algo extraordinario y misterioso había ocurrido en el cuerpo de este hombre afortunado.

Varios meses más tarde me topé con otro caso inexplicable. Mi padre, un gastroenterólogo experimentado de más de cincuenta años de práctica, recibió la visita de un enfermo de cáncer del intestino grueso, que él había diagnosticado cinco años antes. En aquel tiempo se le había extirpado el tumor primario del colon, pero, por desgracia, se había determinado que el cáncer ya se había extendido al hígado. Mi padre habló con el paciente con toda candidez y el enfermo, quien era natural de Canadá y estaba en viaje de negocios en Puerto Rico, le informó que partiría para su país pronto porque tenía múltiples asuntos para atender. No empece la gravedad de la noticia, no reflejó pérdida de ánimo. Muy al contrario, estaba totalmente optimista y entendía que este era otro obstáculo más que él superaría, como muchas veces lo había hecho en el curso de su vida.

No se supo más de él hasta que apareció cinco años más tarde. Mi padre lo encontró en el mismo estado, con el mismo peso y sin síntomas. Se le repitieron los estudios diagnósticos, los cuales revelaron que el hígado estaba tan invadido de cáncer como antes, quizá un poco más. Le contó a mi padre que se había sometido a la quimioterapia en Canadá, pero los médicos le habían informado que su cáncer no había disminuido con el tratamiento y, por lo tanto, no había razón de continuarlo. Ahora venía a ver a su antiguo médico en busca de su consejo.

Mi padre estaba feliz de que estuviera vivo y, sobre todo, sin síntomas de la enfermedad, y le narró la historia de un paciente que padecía de cáncer de estómago. Muchos años antes, cuando mi padre trabajaba en el Hospital de Veteranos de Puerto Rico, le diagnosticó este cáncer a un campesino del centro de Puerto Rico. El paciente de sesenta años fue sometido a cirugía y, como el cáncer estaba tan extendido, sólo se le hicieron biopsias del tumor y nada más. En aquel entonces no existía la quimioterapia para este cáncer y, por lo tanto, se le informó al paciente cuáles habían sido los hallazgos y se le dio de alta.

Era un hombre delgado, pero de brazos robustos y manos gruesas, acostumbradas al trabajo fuerte de la agricultura y al sol caliente del trópico. Antes de irse, le informó a mi padre que su gran preocupación era el trabajo que había que hacer en su finca, con la crianza de sus animales y el cultivo de la tierra. Esperaba dar el máximo para que esos animales y esas tierras no se perdieran; tenía fe en su capacidad de sobrellevar la carga pesada de su enfermedad, junto a la de su labor en el cultivo de la tierra. Percibía su enfermedad como un reto más para su laboriosa vida.

Así lo hizo y cinco años más tarde se apareció en las clínicas del hospital. Ninguno de los médicos podía creer lo que presenciaba y optaron por hospitalizarlo otra vez para evaluarlo. Una vez más se confirmó el diagnóstico con estudios radiológicos, pero no conforme aún, fue sometido a una exploratoria para tomar más muestras y determinar la extensión de su enfermedad. Estaba como lo habían dejado hacía cinco años. De nuevo el campesino regresó a su hogar, a su trabajo y a su tierra.

El canadiense oyó la historia con la felicidad de saber que él no era el único en haber convivido con un cáncer por tantos años. No obstante, preguntó qué otra opción tenía y mi padre le informó que en algunos centros médicos estaban haciendo transplantes de hígado a pacientes con metástasis a este órgano, pero que tenía que ser una metástasis solitaria y ese no era su caso. El paciente le indicó que, aunque él sabía que no era el candidato ideal para ese tratamiento, entendía que el suyo no era el caso común de cáncer. Decidió llamar al centro recomendado donde le informaron lo mismo que mi padre le había dicho. Sin embargo, fue tanta su insistencia que en el centro optaron por evaluarlo, al saber lo insólito de su historia.

Los anales de la medicina están llenos de anécdotas de casos como estos que encierran ciertos misterios sobre el comportamiento de nuestra mente y cuerpo ante las enfermedades graves. No creo que nuestros conocimientos científicos pueden explicar las historias mencionadas; al contrario, muchas veces nuestro marco lógico de referencia nos hace echar a un lado lo que no podemos descifrar o cuantificar y lo pasamos por alto, como si nunca hubiese existido.

Cómo los cuerpos de las tres personas mencionadas logran combatir sus enfermedades, al grado de eliminarlas o, por lo menos, detener su crecimiento, no lo sabemos. Pero es evidente el importante papel que jugó la fe sobre sus mentes, particularmente sobre el inconsciente, porque todos tuvieron la confianza de que podían curarse. El primer enfermo sintió una enorme fe en la fuerza protectora de Dios, y los otros dos experimentaron una gran confianza en la capacidad de la mente y el cuerpo para recuperarse de los tropiezos de la vida. Al sentir una profunda fe, allanaron el camino para que lo mejor de sus recursos se manifestara.

Sin duda, nuestro inconsciente es bien complejo y allí la fe ejerce su fuerza. En él yace nuestro instinto de vida, nuestra creatividad, nuestro anhelo por el mundo divino de Dios y nuestra gran capacidad para recuperarnos y sanarnos de nuestras desgracias.

Con el tiempo, más me convenzo de que Dios se comunica con nosotros y obra en nosotros por medio del inconsciente y que nuestro inconsciente en sí posee propiedades de Su naturaleza divina. Menciono esto porque una de las características que más me sorprende del inconsciente es su gran capacidad de hacer una infinidad de tareas a la vez. En un mismo instante rige nuestros ojos, oídos, boca, nariz, manos, piernas, postura, el corazón, los pulmones, los riñones y todo un sinnúmero de órganos internos incluso nuestro complejísimo cerebro, para que todos trabajen al unísono. Tiene la capacidad de hacerse presente en todas partes del cuerpo en un mismo instante, con una perfección extraordinaria.

Estos rasgos de la sabiduría del inconsciente nos hacen recordar uno de los atributos más importantes y misteriosos de Dios: su omnipresencia. Se nos hace igualmente difícil pensar que Dios está en todas partes, en el corazón de todos los seres humanos y en todos los rincones del universo en un mismo instante, como lo es el pensar que el inconsciente dirige y armoniza los billones de células del cuerpo en todo momento. La sabiduría que encierra la naturaleza de Dios y la del inconsciente son tan similares que nos hacen pensar que nuestra mente es como un recipiente, con diferentes cámaras y una de ellas, la del inconsciente, está colmada de la sabiduría de Dios, con su fuerza creativa. Por eso debemos tener más fe en la fuerza reparadora que yace en nuestro inconsciente.

9

...o nuestra conciencia se convierte en una camisa de fuerza

Sentir que podemos actuar con espontaneidad es uno de los mejores sentimientos de nuestra vida. Cuando somos espontáneos, manifestamos nuestro verdadero ser, dejándolo libre y empleamos a plenitud los recursos con las cuales nacimos.

El peor enemigo de nuestra espontaneidad no reside fuera de nosotros sino dentro, en nuestra propia mente. Se encuentra en la conciencia, sobre todo cuando ésta rige nuestra vida de manera muy crítica. La conciencia es como un guardia que frena constantemente nuestra espontaniedad, recordándonos lo que debemos ser y la imagen que debemos alcanzar. Nos tiene siempre bajo la mirilla, restándole fuerza a nuestra espontaneidad.

El tema de la conciencia me recuerda mis años de juventud, cuando participaba en competencias de tenis juvenil. Solía ponerme ligeramente nervioso durante una competencia, pero el sólo sentir que mi instructor estaba presenciando el juego me crispaba más aún los nervios y prefería que se fuese lo antes posible. En esos momentos me esforzaba tanto por hacer todo tan bien que terminaba con una tensión excesiva en mi cuerpo, sintiendo las piernas pesadas y mis movimientos lentos, sin el ritmo habitual. Al final del encuentro me sentía física y mentalmente exhausto, porque mi instructor me estaba examinando.

Sin embargo, cuando me liberaba de la mirada crítica de mi

instructor, me concentraba completamente en la bola sin prestarle atención a mi estilo y a mis movimientos. Me olvidaba de mi cuerpo y sólo centraba mi atención en la pelota. A medida que mi concentración mejoraba, más grande la veía y mejor podía pegarle con la raqueta. Las jugadas difíciles se volvían fáciles, a diferencia de aquellos partidos cuando me sentía sumamente tenso y tenía que luchar con más esfuerzo para lograr un partido reñido.

Algo así nos ocurre con la conciencia, sobre todo cuando es demasiado crítica con nuestros pensamientos y nuestros actos. Su presencia puede limitar grandemente nuestra agilidad mental como la física. Todo depende de la imagen en la cual se fundamenta nuestra conciencia. Si esa imagen glorifica la infalibilidad en el hombre y nos impulsa a alcanzar siempre la perfección, entonces nuestra conciencia ejercerá un efecto dañino y esclavizante sobre nuestra espontaneidad y no le dará curso libre a nuestra propia naturaleza para que se exprese a plenitud. Muy al contrario, si en nuestra conciencia habita una imagen realista y humanista de nosotros mismos, entonces habrá espacio para nuestras imperfecciones y nuestros errores y, aunque tropecemos, nos sentiremos comprendidos sin el temor de ser juzgados severamente.

Siempre recordaré lo que le sucedió a un profesor de medicina frente a sus estudiantes de primer año, mientras les daba una conferencia sobre la importancia de la experiencia en la práctica de la medicina. De repente uno de los discípulos alzó la mano y le preguntó cómo se lograba la experiencia. El profesor contestó: "En la práctica y con el tiempo". El estudiante entonces preguntó: "¿Cómo aprendemos a hacer las cosas bien?" "Concentrándonos al hacerlas", dijo el profesor, ya sintiéndose un poco incómodo ante la insistencia del joven. "¿Y si no lo hacemos bien?", continuó el estudiante, con una voz trémula, percibiendo que el salón había sucumbido en un tenso silencio. El conferenciante no contestó de inmediato, se tomó unos segundos que parecían minutos, dando la impresión de que estaba recordando y repasando sus muchos años de práctica médica en busca de una contestación de peso, basada en su propia realidad, para su audiencia. "Aprendiendo a vivir con la realidad de que no somos perfectos, de que fallaremos de vez en cuando en nuestras labores y que de esas fallas podemos aprender para no repetirlas; en fin, aprendiendo a ser tolerantes con nuestros errores", aseguró finalmente el maestro, con una sonrisa de consuelo.

Lo lamentable del caso es que el exceso de crítica resulta ser una característica capital de nuestra sociedad, demasiado competitiva e individualista, donde se fomenta y glorifica la imagen del hombre perfecto, invencible e infalible. Desde bien pequeños se nos inculca esa imagen en nuestra indefensa mente infantil. Se nos hace creer en la existencia del hombre perfecto y lo identificamos tanto en las vidas de las estrellas de cine y del deporte, como en las modelos profesionales y los hombres de negocio, cuyos rostros adornan las revistas y la prensa social. Así vivimos con la ilusión de poder ser como esa estrella que sólo existe en papel o en las cintas cinematográficas y nos frustramos cuando nos imaginamos y luego vemos que no somos ese ser perfecto.

A pesar de que la experiencia de la vida nos enseña otra realidad, ya está tan arraigada esa imagen en el fondo de nuestro ser que no podemos borrarla de nuestros deseos y nuestros sueños. Esta imagen es la causa principal de nuestras propias críticas negativas, las cuales siempre nos recuerdan lo que no somos y lo que deberíamos ser y también de nuestra crítica a los demás, por no ser lo que deberían ser.

Lograr que nuestra conciencia le dé albergue a una imagen humanista y realista es tarea difícil de alcanzar en nuestro mundo competitivo, pero vale la pena intentarlo porque de ello depende, en gran medida, nuestra felicidad y también la de aquellos que deben someterse al peso de nuestras exigencias y críticas. Sin duda no podemos ser felices y hacer a los demás felices al vivir de ilusiones que distorsionan las limitaciones de nuestra realidad. Al obrar así sólo logramos esconder el ser espontáneo, libre y amoroso que existe en nosotros.

10

Cuando nuestro estrecho punto de vista nubla nuestra visión global de un problema...

El mundo que está al alcance directo de nuestro cuerpo compone nuestra realidad inmediata y son nuestros sentidos y nuestra mente los responsables de que algunos aspectos de esta realidad resalten sobre los otros. Estos elementos sobresalen porque existe en nuestra mente una manera de pensar y de percibir las cosas, producto de los valores sociales que gobiernan nuestra formación personal. Estas normas establecen un marco de referencia que nos guía para distinguir lo significativo de lo insubstancial y para escoger unas cualidades en vez de otras, según las costumbres y preferencias de nuestra sociedad. Por eso se da el caso de que tan pronto entramos a un lugar, destacamos más algunos aspectos sin fijarnos en un sinnúmero de otros que ocupan quizá igual o más espacio, porque somos más impresionables por unos que por otros, conforme a los patrones de comportamiento y de observación que hemos aprendido.

El efecto tan determinante de nuestros valores internos sobre nuestra percepción de lo que es realmente importante, es similar al efecto que tiene la música de fondo en una película de suspenso. La película sin música pierde gran parte de su carga emotiva, a pesar de la acción de la trama. Es la música la que causa en gran parte la reacción del espectador ante los sucesos de la película; nos atrapa con su ritmo y nos lleva poco a poco hasta el clímax de la acción, acelerando o retardando el latido de nuestro corazón. ¿Cómo sería una película de suspenso sin la música escalofriante, sin los sonidos fatídicos que preceden y coronan los sobresaltos de la película?

De manera análoga trabajan nuestros valores, dándole diferentes gradaciones de color a aquello que está frente a nosotros. Son estos matices los que dan lugar a las diferentes emociones que surgen de nuestras entrañas y hacen que reaccionemos o dejemos de reaccionar frente a los acontecimientos de nuestra realidad.

De hecho, si queremos tener una actitud realista ante la vida, debemos aceptar las limitaciones de nuestra percepción del mundo que nos rodea: que nuestra percepción no es del todo correcta, que existe en el fondo de nuestra conciencia un sistema de valores que determinan nuestra manera de pensar y de percibir la realidad y, por lo tanto, nuestro punto de vista. Si reconocemos las preferencias que encierran nuestros patrones de comportamiento, estaremos más atentos al efecto restrictivo que tienen sobre nuestra percepción de nuestro entorno.

Muchas veces nos conformamos con ver un lado de la realidad, o sea, nos aferramos a un punto de vista y nos olvidamos de los otros lados y, por tal razón, no apreciamos todas sus dimensiones. Así nos pasa con muchas de nuestras observaciones, pensamientos y tareas, y terminamos cayendo en las trampas de nuestro juicio y de nuestra limitada apreciación de lo que nos rodea. Un buen ejemplo de esta falla la encontramos en mi propio oficio.

Todos reconocemos como un hecho el que la medicina es una profesión difícil de ejercer, en gran medida porque el cuerpo en sí es muy complejo. Para practicarla con efectividad se requiere que veamos y tomemos en consideración el cuerpo en su totalidad. Requiere que seamos conscientes de los diferentes sistemas del cuerpo: del sistema neurológico, endocrino, circulatorio, pulmonar, urológico y así sucesivamente. A veces la enfermedad afecta un sistema de manera bien localizada, pero con frecuencia afecta otros sistemas más y, si la condición es grave, usualmente afecta todos. Por eso el médico tiene que evaluar al enfermo desde varios puntos de vista, tomando en consideración todo el conjunto de órganos del cuerpo.

Muchas veces fallamos en nuestra función de médico por no haber visto y evaluado al enfermo en su totalidad o porque lo hemos hecho con tanta prisa que no hemos podido lograr una apreciación completa del mismo. No obstante, con ese fragmento de información hemos tomado decisiones de peso con relación a la salud del enfermo.

Recuerdo el relato de un paciente, Don Ramón, quien previamente se había sometido a una cirugía electiva para remover un nódulo en la glándula tiroides, en la cual se sospechaba la presencia de cáncer. En la cirugía no hubo complicaciones, pero al otro día de la intervención, empezó el paciente a sentirse corto de aire, a respirar rápidamente y a desorientarse. Por tal razón fue evaluado con prontitud por varios consultores médicos, entre ellos: un cardiólogo, un neumólogo y un neurólogo. Cada uno hizo sus recomendaciones con relación al corazón y a los pulmones, y el neurólogo hasta pensó que un siquiatra lo debería evaluar porque creyó que había un elemento de depresión en su trastorno mental.

Mientras tanto el enfermo empeoraba, en gran medida porque la causa inicial que había precipitado un trastorno en su sistema cardiaco y respiratorio no se había diagnosticado; ninguno de los subespecialistas le había bajado la sábana que le cubría el abdomen para encontrar que estaba distendido y silencioso, indicando que un trastorno mayor había ocurrido en el vientre.

Por fortuna las enfermeras se dieron cuenta del problema y se lo informaron a su médico de cabecera. Fue entonces cuando se tomaron la medidas pertinentes para corregir esta complicación, que había desembocado en una serie de trastornos a través de todo el cuerpo. Lo curioso del caso es que tardaron varios días en hacer la correcciones indicadas porque los especialistas habían cometido el gran error de limitar su examen médico a su órgano de especialidad. Cada uno de ellos estaba viendo la verdad a medias; ninguno le hizo un examen físico completo al enfermo y, por lo tanto, ninguno llegó a comprender todo lo que estaba pasando en el cuerpo. Los médicos sólo se percataban de la resaca que estaba dejando el trastorno principal en su órgano de interés.

Lo que le sucedió a los médicos que trataron a Don Ramón nos sucede con frecuencia a todos nosotros en nuestras observaciones diarias. Todos pecamos del mismo mal: el ver las verdades a medias, el sentirnos satisfechos con ellas y, peor aun, el actuar a base de unos fragmentos de la realidad. Nos hemos acostumbrado cada vez más a no dar el máximo de nuestras capacidades durante la evaluación de una materia y así llegamos a conclusiones rápidas sin un proceso pausado y cabal de observación y reflexión, sin desmenuzar plenamente, desde el principio hasta el final, los elementos esenciales que comprenden la materia bajo estudio, o sea, todos los lados de su realidad. Por ello hemos de fallar a menudo en nuestro juicio.

11

... o nuestra terquedad nos encamina hacia un conflicto doloroso

Una de las cualidades que más afecta nuestra capacidad para ver la realidad de la vida es nuestra inflexibilidad. Quizá sea por inseguridad, pero todos tendemos a aferrarnos a una manera inflexible de percibir y de hacer las cosas sin darle cabida a otras opciones o soluciones. Esa inflexibilidad entorpece nuestra capacidad de apreciar el mundo, nos pone gríngolas que no nos permiten ver las cosas desde diferentes puntos de vista y, peor aún, no nos permiten apreciar los méritos de cada uno de ellos.

En gran medida esa rigidez es la causa de tanto prejuicio y tantos males sociales. Cuando nos ofuscamos en un punto de vista, desoímos lo que los otros tienen que decir. Pensamos que estamos oyéndolos, pero en verdad no lo hacemos porque nos empeñamos en defender nuestro punto de vista y argumentar a favor de él, sin escuchar las otras opciones.

Hace varios años me ocurrió un incidente interesante con una paciente donde salió a relucir cómo lo que había aprendido en mis años de formación como médico me hacía inflexible en mi apreciación de un problema. Sucedió que había evaluado en mi consultorio a una paciente con enfermedad ulcero-péptica. Hacía varios años que padecía de ella y buscaba mi opinión con relación a la posibilidad de una cirugía. Como parte de mi evaluación le realicé una gastroscopia que reveló la presencia de dos úlceras en el duodeno y la sometí al tratamiento convencional para úlcera. Se mejoró significativamente, pero al cabo de varios meses sus síntomas reaparecieron de la misma manera que había pasado en los años anteriores. Le repetí la gastroscopia que demostró la recurrencia de la enfermedad en el duodeno.

Ocurrió entonces un incidente peculiar. Ella desarrolló una infección urinaria severa la cual fue tratada con antibióticos por su urólogo. Sus síntomas urinarios desaparecieron como era de esperar, pero también los síntomas inherentes a las úlceras. La paciente me lo indicó en su visita a mi consultorio y me preguntó si los antibióticos podrían mejorar su condición estomacal. Sin titubear le informé que su mejoría no tenía nada que ver con los antibióticos. Ella insistió en que sí la habían mejorado y, de igual manera, yo argumenté lo contrario. Me pidió que le repitiera el estudio endoscópico y, después de mucha súplica, consentí. Varios días más tarde le realicé el estudio y, para mi gran sorpresa, encontré que era cierto lo que ella había dicho: sus úlceras habían desaparecido.

Me sentí contento con el resultado, pero una vez más le insistí en que los antibióticos no tenían nada que ver con su mejoría. Un año después la evalué otra vez y todavía continuaba sin dolores y sin evidencia endoscópica de la úlcera. En esta ocasión ni mencionamos el tema de los antibióticos durante nuestra conversación.

Entonces ocurrió lo inesperado. En la literatura médica empezaron a salir unos artículos sobre el descubrimiento de una bacteria localizada en el estómago de pacientes con inflamación o úlcera en este órgano. A medida que leía sobre los hallazgos de los científicos australianos con relación a la bacteria caí en la cuenta del incidente con mi paciente. Ella tenía toda la razón: los antibióticos definitivamente la habían ayudado y le habían evitado la cirugía.

La llamé y la puse al día con relación a los nuevos hallazgos científicos; le dije que tuvo razón al insistir en su punto de vista.

Luego reflexioné en lo que había sucedido en aquella ocasión años atrás. Mi propia formación de médico había empañado mi manera de ver e interpretar los eventos. Me había adherido tanto al marco de referencia tradicional que no podía escuchar de otras opciones, no empece la insistencia de la enferma.

En fin, no había escuchado con una mente abierta los señalamientos de la paciente. Desde luego me sentí mal conmigo mismo porque sentía que, en mi empeño por ser buen médico, había descuidado mi espíritu investigador, mi capacidad de mantener la mente libre ante los misterios de la naturaleza. Aprendí una buena lección.

12

... o dejamos de ser tolerantes con los demás

La espontaneidad, la candidez y el espíritu juguetón y explorador son aspectos de nuestra infancia que deberíamos conservar durante el resto de nuestra vida. No obstante, hay rasgos que debemos borrar o modificar para poder crecer como seres humanos y lograr la plenitud de nuestro ser. El egocentrismo y la voluntariedad encabezan esta lista, puesto que de ellos surge la incomprensión y falta de sensibilidad que tenemos ante las diferencias que hay en nuestra convivencia con el prójimo.

Para la persona egocéntrica el mundo gira en torno a sus necesidades, las cuales siempre van primero que las de los demás. Por eso no puede ser justo, ni en su vida íntima, ni en cualquier tipo de convivencia. Su enfoque de los problemas está viciado por sus necesidades egoístas y, por tal razón, rara vez busca en momentos de conflicto el punto medio entre las soluciones; es decir, aquella que satisfaga las necesidades de su pareja o del grupo social al cual pertenece. Se justifica en la presunción de que las intenciones de los otros están viciadas por la maldad.

Pero està no es la realidad. Usualmente las diferencias entre esposos, hermanos, padres e hijos, entre compañeros de trabajo y otras personas allegadas a nosotros, no estriban en que una persona sea mala y la otra no, como solemos pensar para simplificar muchos de los problemas de la convivencia. Las diferencias están más bien basadas en nuestras formas de vida, en las maneras de percibir, de expresar y hacer las cosas, y no en nuestras buenas o malas intenciones.

Siempre me han fascinado las diferencias en la forma de ser entre las personas que viven bajo un mismo techo, por ejemplo, entre hermanos. Deberían ser similares, pero no lo son, porque cada uno vive una circunstancia distinta y una adaptación particular en su manera de ser.

Pero si complicada es la convivencia entre hermanos, productos de un mismo mundo, más difícil es la convivencia entre personas de mundos distintos como suele acontecer entre esposos que provienen de diferentes mundos familiares. Cada uno en su crianza ha aprendido el estilo de vida de su hogar: la manera de hablar, desde el vocabulario hasta las entonaciones, también la manera de escuchar a los demás o hacerse de oídos sordos, el estilo de expresar emociones, de reír, de besar o abrazar y todos los demás métodos de comunicación verbal o corporal.

Seguramente lo que permite que la relación matrimonial perdure es el amor compartido, pero también la capacidad para tolerar las diferencias y la capacidad de ver más allá de ellas, sin perder de vista lo bueno que hay en la pareja. Esta diferencia en los mundos individuales se acorta sólo con la comprensión, con la capacidad de trascender nuestro pequeño mundo personal, tratando de colocarnos en el lugar del acompañante o tratando de mirar a través de una rendija los secretos que habitan la casa interna del ser amado, escuchando las voces del presente entrelazadas con las del pasado, con sus miedos y anhelos.

Con la comprensión logramos lo que el autor de una obra de teatro alcanza en la audiencia; él nos da la oportunidad de conocer de cerca los insondables sentimientos, tanto de los villanos como de los héroes de su obra, al punto de hacernos comprender por qué cada uno de los personajes actúa como lo hace. Al compenetrarnos con el diálogo de los personajes, conocemos las intrigas que existen en su interior: sus miedos y anhelos, los conflictos de ideas y de sentimientos, la tragedia interna que da razón para sus actos, incluso para su grandeza y su vileza. ¡Cuántas veces hemos sido conmovidos por el villano, al conocer de cerca su laberinto interno, los secretos que lo conducen hacia su destino, como el Judas de la obra!

¡Cuánto más comprensivos seríamos si por unos instantes de nuestra vida dejáramos de desempeñar nuestro propio papel y nos colocáramos en la posición de la audiencia, sopesando las intrigas que yacen en cada uno de los seres que componen el escenario de nuestra vida! Al trascender nuestro pequeño mundo, seríamos más sensibles ante los reclamos de los otros, entenderíamos mejor los diferentes caminos del destino.

13

Cuando somos inflexibles ante los cambios de la vida...

Nuestra vida es un largo proceso de evolución que se extiende desde nuestro nacimiento hasta la vejez y la muerte, con múltiples facetas de cambios entremedio. Muchos son cambios internos, producto de las modificaciones hormonales y metabólicas que gobiernan nuestro cuerpo y otros son externos, consecuencia del intercambio con nuestro entorno social y económico.

Muchos de ellos ocurren con tanta fluidez y de manera tan lenta que ni cuenta nos damos de su presencia, particularmente en sus inicios. Son cambios naturales de nuestro desarrollo físico, emocional y mental. Se espera que sucedan y, por tal razón, pasan casi inadvertidos. Sólo nos preocupamos de ellos si no ocurren.

Pero hay otros cambios que no son así; su presencia se hace sentir en nuestra mente y nuestro cuerpo como un peso extraño, como si no estuviésemos listos para ellos. Estos nos crean los conocidos síntomas de tensión: los dolores de cabeza, el insomnio, la inapetencia, los trastornos intestinales, el agobio, la debilidad y un sinnúmero de trastornos mentales y corporales. Parece mentira, pero estos mismos síntomas que tanto daño nos hacen, son en realidad mensajes que el cuerpo nos envía para decirnos que algo no está bien en nuestro proceso de adaptación a los cambios. Ellos reflejan las asperezas del camino que hemos seleccionado y nuestra falta de preparacion para él.

Lamentablemente no le prestamos atención a estos síntomas y nos empeñamos en seguir el rumbo escogido. Estamos tan inmersos en nuestras tareas que no escuchamos el mensaje de alerta que representan los síntomas. Optamos por un comportamiento escapista para olvidar nuestra profunda frustración, mientras esperamos que los síntomas pasen pronto, sin dejar huellas en nosotros.

Así sucede a menudo durante los años de adulto cuando en nuestra mente tenemos todavía el ímpetu de la juventud, aunque nuestro cuerpo no lo tenga ya. En nuestra juventud percibimos la vida como una carrera corta de cien metros. Por tal razón, nos entregamos a ella sin reparo alguno y a toda prisa para completarla lo antes posible. Pero a medida que nos hacemos adultos esa visión de la vida, más bien una ilusión, nos pone en confrontación con la auténtica realidad: que la vida no es una carrera corta, sino un maratón donde debemos controlar nuestro paso y conservar nuestra energía si queremos llegar en una pieza a la meta final.

Parece convincente esta percepción de la vida, pero desafortunadamente no lo es para muchos adultos que continúan trabajando a paso desmesurado, forzando su cuerpo y su mente al tratar de hacer la misma cantidad de tareas que antes hacían. No empece los mensajes que el cuerpo les envía: de dolor en la espalda o las coyunturas, de cansancio y toda una gama de síntomas inherentes a nuestros años de adulto, no reducen su ritmo de trabajo, haciendo caso omiso a los mensajes que envía el organismo.

Por esto, tarde o temprano, anhelan el refugio del retiro. Es lamentable la situación que viven tantas personas que, por no hacer las adaptaciones necesarias en sus vidas, optan por el retiro temprano dejando atrás una experiencia, todavía valiosa, para su propio trabajo y para su valía personal.

Así no le pasa al buen maratonista en su larga carrera hacia la meta. Él no trata de ganarle a su contrincante en los primeros cien metros, al contrario, ni le presta mucha atención al inicio de la carrera porque bien sabe que su vigor y el control de su paso lo llevarán a la meta. Su carrera es larga y, mientras mejor se adapte a esta realidad, mejor se desempeñará.

De esta manera lo ha hecho mi padre, quien a los 87 años todavía ejerce su carrera de médico con especialidad en las vías digestivas. En los inicios de su práctica visitaba varios hospitales, pero con el tiempo se limitó a uno solamente y, más tarde, hasta dejó de ver las consultas del hospital refiriéndolas a los gastroenterólogos jóvenes, que estaban deseosos de ver consultas y tenían el tiempo para hacerlo. Ya a los setenta y cinco años redujo sus horas de trabajo hasta el medio día para dedicar la tarde al reposo y a la lectura. Por eso, contrario a sus compañeros que han tenido que retirarse a una edad temprana por no poder hacer las modificaciones necesarias en su oficio, él ha podido continuar en el ejercicio de esta carrera, que tanto ha amado y que tanto ha significado para su vida.

14

... o el sufrimiento nos oprime

Aunque hagamos todo lo posible por evitar el sufrimiento, de nada vale, porque siempre habrá momentos de sufrimiento que nos alejen de la felicidad. Por lo general, el sufrimiento es consecuencia de la pérdida de algo muy preciado, sea ésta la pérdida de la salud, la muerte de un ser querido, la privación de nuestros derechos, la falta de un trabajo o algo esencial.

A pesar de su efecto negativo en nosotros, esa vivencia tiene la capacidad de despertar sentimientos nobles e inquietudes espirituales que siempre existen en el fondo de nuestro ser, pero que sólo se manifiestan en épocas de desasosiego. En nuestro encuentro con el dolor, se da también nuestro encuentro con lo mejor de nuestra existencia.

El sufrimiento nos hace comprensivos con el rumbo penoso que toma la vida de otras personas. No es lo mismo tener conocimiento sobre la condición de un enfermo y verle en su lecho, que ser nosotros los enfermos sufriendo penas y dolores. Aquel que vive en carne propia una enfermedad se convierte en una persona sensible ante la ansiedad y el dolor del otro enfermo. Entonces puede entender mejor por qué un enfermo puede estar triste y hostil, por qué puede estar inquieto y perder fácilmente la paciencia, por qué, debido al dolor, no puede moverse de su cama, a pesar de la insistencia de su médico en que se levante o, lo contrario, por qué quiere salir lo antes posible de la unidad de cuidado intensivo.

Tampoco nuestra vida es la misma después de la muerte de un ser querido. Cada vez que regresamos a nuestro hogar y encontramos vacío el cuarto que antes ocupó, sentiremos la pérdida y nos hará falta su presencia.

A pesar de todo, esas vivencias dolorosas tienen un efecto positivo sobre nosotros y calan hondo en nuestro ser, abriendo el corazón al dolor humano, al sufrimiento de nuestro prójimo. Nos dan la oportunidad de tener sentimientos de compasión y la voluntad para que esa compasión se traduzca en hechos.

Por eso el tema del sufrimiento siempre me hace recordar la imagen de Roberto, un paciente de cincuenta y ocho años que, durante veinte años, había sufrido la transfiguración de su cuerpo por causa de la enfermedad de Parkinson. Del hombre alto, recto, robusto y atractivo del pasado, quedaba sólo un recuerdo, escondido detrás de una figura patética con la espalda encorvada, el cuerpo escuálido y pasos cortos e inseguros. Había perdido hasta la fluidez y la elocuencia que tanta admiración y celo había creado en sus compañeros abogados. Ahora gagueaba y cada oración requería un tremendo esfuerzo para terminarla, arrastrando las letras de la misma manera que arrastraba sus pies.

Pero nunca dejaba de ser el caballero de antaño. Tan pronto yo entraba al consultorio donde él me esperaba sentado, se ponía de pie con toda la dificultad que eso comprendía, para saludarme con sus manos temblorosas. Su ropa siempre estaba limpia y bien cuidada, y sus zapatos brillaban. Era obvio que se sentía orgulloso de su vestimenta, al igual que de su cabellera oscura.

Le agradaba bromear y a mí me encantaba verlo reír. Era mi paciente desde hacía cinco años y ya habíamos desarrollado suficiente confianza como para gastarnos bromas. Su broma favorita era muy curiosa y tenía que ver con mis abundantes canas. El hecho de que mi cabeza estaba llena de canas y la de él no, era motivo de risa, sobre todo porque él era mucho mayor. Cuando yo divisaba una leve sonrisa dibujada en su rostro, ya sabía que se estaba preparando para su broma preferida. Tan pronto la hacía, me encantaba acusarlo de teñirse el pelo, lo cual lo hacía sentirse más alegre aún, porque no era cierto.

Pero nunca dejaba el consultorio sin primero excusarse por cualquier vestigio de ofensa que hubiese causado la burla, aunque ambos sabíamos muy bien que todo era una broma. Le agradaba agregar: "Por lo menos tenemos mucho pelo y dudo que algún día se nos caiga". Roberto había sufrido mucho por largos años y, para todos los que lo conocíamos, su manera de llevar su sufrimiento era ejemplar: sin perder su orgullo ni su cálida sonrisa. Sin duda había aprendido a abandonarse a la voluntad de Dios y a vivir en paz con su destino.

15

... y perdemos la fe en nuestros buenos sentimientos

Recientemente me contaron la historia de una persona de altos principios morales y sociales, admirada por sus compañeros de trabajo y querida por centenares de amigos por su constante disposición a ayudar al necesitado, tanto en lo económico como con sus buenos consejos. Su personalidad irradiaba seguridad y una inmensa tranquilidad. Jamás se hubiese pensado que un cambio dramático en el carácter de Pedro estaba por suceder.

Pero sucedió. Se vio enredado en un pleito legal frívolo contra su intachable conducta profesional el cual, por razones inexplicables, perdió después de un largo litigio. Lo penoso del caso fue que no sólo perdió la demanda y con ella gran parte de sus bienes, sino también su entusiasmo y amor por la vida, su sonrisa perenne y su venerada tranquilidad. Ahora era otro hombre, dominado por una profunda tristeza y un cinismo que reflejaban un gran desprecio hacia la vida. Estaba transformado. Sin duda los acontecimientos desgraciados en su vida habían calado bien hondo en su espíritu, dejando de ser el hombre bueno y amoroso de antes.

En fin, Pedro estaba sumergido en una crisis profunda que no parecía tener solución y pasaba los días enteros cavilando sobre su desgracia personal y cargando su mente con pensamientos de desprecio hacia los demás y pena hacia sí mismo. Parecía verdaderamente un hechizo lo que le había acaecido a este buen hombre. De ser una persona con tanto aprecio por su vida, con tanto orgullo propio, ahora sentía que su vida no tenía valor alguno.

Todo el mundo pensaba que pronto se recuperaría de este estado pero no fue así; al contrario, con el tiempo empeoró dándose al alcoholismo y al abandono de sus responsabilidades, tanto en su trabajo como en su hogar, entrando en conflicto con aquellos que más lo trataban de socorrer: su paciente esposa y sus tres hijos.

Por fortuna tenía un momento de reposo para su mente agitada, cuando rezaba por la noche junto a su hijo menor de siete años. Se acostaba en la cama del niño, hombro con hombro, y junto a él rezaba lentamente y en voz baja el Padre Nuestro. De hecho, el poco equilibrio mental que le quedaba se lo debía en gran medida a esa pausa en su vida. Por unos instantes su mente desenfocada dejaba de divagar y de recibir el bombardeo de pensamientos negativos que solían acompañarlo. Además, en esa calma momentánea experimentaba un recuerdo de la paz interior que antes sentía, ayudándole a no darse por vencido y dándole esperanzas de que algun día podría ser lo que antes era.

Al principio decía el Padre Nuestro sin pensar en la extraordinaria sabiduría de su mensaje, pero con el tiempo comenzó a ponderar su contenido, a detenerse en cada una de sus piadosas frases. Pronto el bien que expresaba cada frase era una gota de paz que caía dentro de un vaso vacío en su interior. Servía de "pan bendito", que lo venía a rescatar de su desconsuelo. Siempre al finalizar la oración nocturna, su hijo se despedía de él diciendo: "Dios nos va a ayudar, Papi".

Y así sucedió porque, en vez de revivir los incidentes en torno a su desgracia, comenzó a orar frecuentemente durante el día, sobre todo cuando su mente divagaba hacia el pasado. Muchas veces oraba sin deseo y sin sentido claro de lo que estaba haciendo, pero poco a poco empezó a encontrar en estas oraciones diurnas la misma tranquilidad que sentía cuando oraba con su hijo. Aunque los pensamientos negativos muchas veces interrumpían su rezo, con el tiempo y con su esfuerzo aprendió a seguir adelante en sus oraciones, integrando disciplinadamente esos momentos de reposo a su programa del día. Terminaba su plegaria diciéndose a sí mismo una corta oración que con frecuencia repetía en silencio: "el bien siempre transforma el mal".

De esta manera Pedro pudo rescatar el control de sus pensamientos y defenderlos del embate de las ideas negativas. Dejó de centrar su mente en su pena y su tragedia y comenzó a pensar en como rehacer su vida y la de toda su familia. Al fin Pedro venció su alcoholismo y se dio de lleno a su vida familiar y a su trabajo como antes lo había hecho.

Lo cierto es que se requiere mucha cordura para rehacer nuestra vida en los momentos de crisis personal, para corregir lo torcido, para reconstruir lo dañado, dejando atrás el pasado y con él, el odio, el coraje y el desprecio a la vida. También necesitamos valor para amar y perdonar, para ver el mundo con la esperanza de que pronto será mejor, para reafirmar que el bien siempre transforma el mal.

Los sucesos de nuestra vida son un gran reto a nuestra capacidad de superación. Los contratiempos y los infortunios diarios ponen a prueba nuestra fortaleza emocional y mental que muchas veces se encuentra abatida ante las frustraciones del momento. Pero esa es la realidad de nuestra vida y para alcanzar nuestras metas debemos entender que en nuestra larga caminata encontraremos obstáculos que agotarán nuestras fuerzas, pero a la vez nos servirán como taller de aprendizaje. Ese es nuestro gran consuelo porque, sin ese aprendizaje, no podremos seguir adelante confrontando airosamente los retos futuros.

Enfrentar la vida con responsabilidad requiere el valor de asumir riesgos, de sufrir fracasos, pero también el valor para reconstruir nuestras vidas después de momentos de angustia y profunda soledad, para rescatar lo perdido, sin permitir que el mal transforme nuestra vida. Recordemos que el bien siempre transforma el mal y que lo mejor de nosotros se encuentra en nuestros buenos sentimientos.

16

Cuando perdemos la esperanza de convertirnos en mejores seres humanos...

La meta ideal para nuestra vida, la de mayor satisfacción si logramos alcanzarla, es tan sencilla que pasa inadvertida. Se trata simplemente de ser un Buen Samaritano. Si nos proponemos esa meta, nos sentiremos siempre contentos con nosotros mismos por ser lo que somos. Aunque parezca una tarea sencilla, es uno de los retos más difíciles que podamos confrontar y, sin un esfuerzo enorme, jamás la lograremos, sobre todo cuando nuestro mundo interior y el que nos rodea está tan lleno de obstáculos.

Servir a Dios es la suprema tarea de un Buen Samaritano y sólo cumplimos a cabalidad esa misión si en verdad logramos servir al prójimo. Decir que queremos servir a Dios y, a la vez, no servir al prójimo, es una incongruencia.

El acto de servir al prójimo presupone un cambio radical en nuestra manera de ver la vida. Requiere que dejemos de centrar la atención en nuestras propias necesidades y la fijemos en las del prójimo. Al hacerlo, dejamos de pensar en lo que más nos conviene y nos preocupamos por las necesidades del otro. Nuestro centro de atención ya no sería nuestra vida, sino la del otro.

Así nos enseñó Jesús en el curso de su corta vida. Él fue el mejor de los buenos samaritanos, no sólo con sus palabras, sino también con sus obras, muy especialmente en sus horas finales. Mientras yacía crucificado, desangrándose por sus profundas heridas, no centró su atención en su propio dolor, sino en el sufrimiento de su prójimo.

Fue misericordioso con el bandido arrepentido al invitarlo a su paraíso celestial. Fue piadoso con su sufrida madre y con el amado Juan al entregarle el uno al otro, para formar así un lazo permanente entre ellos, de madre a hijo. Aun pensó en sus torturadores, los mismos que lo habían sentenciado a morir y que lo habían crucificado sin compasión alguna. Su atención estaba dirigida a ellos, en lugar de a sí mismo.

En sus últimos momentos nos enseñó a todos cómo morir como buenos samaritanos. Ni el dolor de la muerte lo alejó de su gran misión y de su propia naturaleza. Nos enseñó que, aun en el dolor, siempre hay espacio para expresar lo esencialmente espontáneo en nosotros: nuestros buenos sentimientos y todo nuestro amor. Si obramos así, el dolor no desaparecerá, pero su peso se hará mucho más liviano.

En efecto, ninguna circunstancia ni nadie, nos puede despojar del derecho a expresar nuestros buenos sentimientos y de ser buenos samaritanos. Ni la enfermedad grave ni la propia muerte, nos pueden desposeer de esa fuente de honda satisfacción, que sólo surge al darnos a las necesidades del prójimo.

No empece las circunstancias del enfermo, aunque el dolor le abata con toda su fuerza, aunque sepa que ya no se recuperará y no podrá ser lo que antes era, aunque sepa que pronto morirá, aunque sepa que no podrá hablar jamás o mover sus brazos, el enfermo nunca pierde ese derecho inalienable de ser bueno con el prójimo, de demostrar su caridad, de olvidarse de sí mismo y centrar su atención en el otro y mostrar su profunda capacidad de afecto.

Aun el enfermo que no puede valerse por sí mismo, siempre puede hacer su acto de caridad al demostrar agradecimiento por la ayuda que recibe. Lo puede expresar con una mirada, con un saludo de mano o palabras tiernas a sus familiares y amigos, que tanto sufren con su dolor. Puede expresarlo al que lo cuida: su médico, sus enfermeras y todos los que, de una manera u otra, le sirven. En ese momento de agradecimiento, el enfermo estará tratando de hacer sentir mejor a aquel que lo socorre y, en el proceso, su propio dolor se le hará más livano al olvidarse de sí mismo.

Ser buen samaritano es tarea árdua. Requiere la expresión de nuestros buenos sentimientos. Son éstos los que nos permiten trascender nuestra fijación en nosotros mismos, nuestras fronteras corporales, nuestras propias necesidades y prestar atención a los seres que nos rodean y a sus necesidades.

Pero estar dotado de buenos sentimientos no es lo mismo que ser buenos samaritanos. Se trata del primer paso y sin ello no podemos aspirar a ser buenos samaritanos. Hace falta la acción. Los buenos sentimientos podrán despertar en nosotros unas fuerzas que nos impulsan a hacer el bien, nos podrán conmover, pero ahora debemos movernos hacia el necesitado y cerrar la distancia que nos separa. Ese movimiento requiere energía: aquella que nos hace salir de nuestra comodidad para dar la mano. El gran enemigo de aquel que aspira ser buen samaritano es su propia comodidad. Esta es la causa por la cual usualmente nos quedamos cortos en este empeño.

En la conocida parábola del Buen Samaritano, éste se salió de su camino, poniendo a un lado su comodidad, mientras los otros dos acompañantes no lo hicieron. Combatió su egoísmo y su deseo de voltear la cabeza hacia el otro lado y de seguir adelante en su ruta y se dio a la tarea de ayudar al necesitado. No fue una ayuda de limosna para aliviar su buena conciencia; fue una ayuda real. Recogió al extraño, le consiguió aposento y luego le curó las heridas, antes de continuar su camino.

El Buen Samaritano no actuó meramente a causa de sus convicciones. Sólo las ideas no bastan para hacer que dejemos atrás nuestra comodidad y nuestro lugar seguro. Cuando iniciamos una tarea nueva, siempre existe el riesgo de perder nuestra propia tranquilidad y de toparnos con contratiempos, que nos pueden hacer sufrir.

Por eso debe haber también un corazón dentro de nosotros que se conmueva ante el dolor y nos haga actuar con vehemencia y entrega. Son estas fuerzas poderosas que residen en nuestro interior las que nos permiten llevar a cabo un acontecimiento realmente milagroso. Entonces el extraño deja de ser extraño y se convierte en nuestro amigo, no porque él haya hecho algo diferente, sino porque nosotros mismos lo hemos querido así; hemos abierto nuestro corazón a su presencia y su dolor. Así logramos ser buenos samaritanos.

II
El tramo decisivo, contra viento y marea

17

Cuando el tiempo de espera nos atormenta...

El médico junto al sicólogo, el sacerdote, el rabino y otros titulares dedicados a ayudar sicológica y espiritualmente al ser humano, viven sus propias vidas a la vez que comparten los secretos de sus pacientes y feligreses. Por eso poseen un caudal de historias sobre los diferentes caminos por los cuales la vida nos puede conducir, sobre todo aquellos que ponen a prueba nuestra fuerza de voluntad y nuestra paciencia.

Mi experiencia en la medicina me ha dado la oportunidad de ser parte de la vida de muchas personas y compartir con ellas sus vivencias. De más está decir que la vida de cada ser humano es un mundo complejo, lleno de un sinnúmero de historias interesantes, de momentos de alegría o de dolor, de odio o de dulzura, de desasosiego o de tranquilidad. Pero de tantos relatos que puede haber sobre una persona, siempre existe uno por el cual más la recordamos, quizá por el efecto que ha tenido sobre nuestra propia vida.

En el caso de Eduardo siempre lo recordaré por los momentos angustiosos de espera durante su enfermedad y su capacidad de encontrar una salida airosa a una situación que parecía no tenerla. Lo recuerdo claramente ese primer día en mi consultorio, por su dinamismo e inteligencia. Entró con prisa a mi oficina y, al saludarle, me apretó con fuerza la mano mientras me miraba fijamente con unos ojos inquisitivos que trataban de escudriñar ligeramente mi competencia profesional a través de mi mirada, mi manera de hablar y hasta de mi vestimenta. Luego de haber colocado sobre la silla de al lado su maletín, todo atestado con materiales de trabajo, se sentó y miró hacia sus lados, inspeccionando los pormenores de mi oficina.

Eduardo tenía cincuenta y cinco años, era alto y corpulento, el resultado de su dedicación a los deportes. Sin mucho rodeo, comenzó a hablar acerca de sus síntomas y, a medida que los explicaba, se hacía aparente que su condición era de cuidado. Había esperado ya un mes con la ilusión de que los dolores le desaparecerían espontáneamente pero, en cambio, empeoraron y ahora se sentía ansioso ante la posibilidad de que tuviese una condición grave. Así ocurrió; luego de una evaluación minuciosa se le encontró un cáncer de hígado en un estado avanzado e inoperable.

Cuando le informé los resultados, no se sorprendió y me dio a entender que, desde el principio, él tenía la sospecha de que fuera un cáncer; no obstante, tenía la esperanza de que no lo fuera y, en todo caso, de que por lo menos pudiesen someterlo a una resección. Tomó la noticia con aparente aplomo, aunque tanto sus manos como sus ojos reflejaban rasgos de nerviosismo.

Pronto me hizo la pregunta de rigor y fue directo en su súplica: ¿cuánto tiempo le quedaba de vida? "Usualmente no más de seis meses", le repliqué, pero pronto le añadí, tratando de consolarlo, que cada persona respondía de manera diferente ante esta enfermedad y algunos, por razones desconocidas, viven mucho más de lo esperado. Empezó a sollozar y a hablar sobre su vida personal: su divorcio contencioso, su soledad y tristeza, el distanciamiento de sus tres hijas, de doce, quince y diecisiete años, a causa de la riña tan grande con su ex esposa, quien había optado por irse de Puerto Rico para alejarlas de él.

Lo escuché con detenimiento y entendí su dolor y su falta de tiempo en la vida para rebasar tantos obstáculos. Ahí mismo me informó que no iba a someterse a la quimioterapia y que prefería dedicar esos meses que le faltaban para resolver sus problemas personales. Me pidió analgésicos y, ante mi insistencia, aceptó visitar un reconocido especialista en tumores de la vía digestiva.

Dejé de ver a Eduardo por dos meses cuando un día se presentó en mi consultorio. Muchas cosas habían pasado desde que lo había evaluado por primera vez. Había visitado al oncólogo y, después de varias citas, había acordado comenzar la quimioterapia a pesar de su expresada reserva. Era evidente que había bajado de peso; ya no era el hombre robusto de antes, sin embargo lo que más me llamaba la atención de su presencia no era eso, sino la falta de paz que expresaba su mirada.

Semanas más tarde me llamaron del hospital para evaluarlo en consulta y esa misma tarde lo fui a ver. Estaba acostado y se veía sumamente agotado; lo examiné y era evidente que la quimioterapia no había tenido efecto en detener su enfermedad. Él lo sabía y me dijo, "Jorge, sé que me queda poco tiempo. Acepto mi destino y no le tengo miedo a la muerte. Lo que me desespera es la espera. No sé que hacer".

Durante los días siguientes algo providencial pasó en la vida de Eduardo. Su ex esposa vino de Estados Unidos con sus hijas, quienes fueron a visitarlo de sorpresa al hospital. Me contó Eduardo, días más tarde, que esta visita inesperada fue conmovedora; sus hijas y él se unieron en un largo abrazo y lloraron durante unos minutos interminables. Se pidieron perdón por los disgustos del pasado dando curso libre a todas sus emociones de amor. Al final Eduardo mandó pasar a su ex esposa y le dio las gracias por esta maravillosa sorpresa. Sus hijas se quedaron con él hasta el final.

Días antes de fallecer Eduardo, pasé por su habitación. Sus hijas estaban acompañándolo. Eduardo casi no podía hablar pero hizo un gesto con sus manos para que me acercara a él; quería decirme algo de cerca. Acerqué mi cara a su rostro y me dijo, "Jorge, por fin tengo paz. La espera valió la pena".

Cuando me fui de su habitación pensé en la espera de Eduardo y la espera de los enfermos de gravedad en general. En verdad que sus vidas giran en torno a la espera. Tan pronto empieza a visitar al médico, allá empieza su larga espera: mientras espera su turno en el consultorio del médico, en lo que llegan los resultados de las pruebas diagnósticas, durante su estancia en el hospital, luego su espera por la mejoría de su condición y, en aquellos casos donde no hay mejoría, la espera por el desenlace final.

Antes pensaba que la espera atañe sólo a la vida del enfermo, pero pronto caí en la cuenta de mi equivocación porque nos atañe a todos, a lo largo de nuestras vidas. La espera del enfermo está cargada de expectación, mientras que la nuestra, en el diario vivir, es más controlada, salvo en las épocas de crisis personal. Más la espera siempre existe, aunque con menos intensidad, a través de los muchos cambios que transcurren en nuestras vidas.

Por eso me di a la tarea de reflexionar sobre el tema de la espera, tanto la del enfermo como la de la persona saludable, para conocer mejor aquello que nos vuelve más o menos impacientes ante la espera. Más importante aún, me di a la tarea de ver cómo podríamos aprender a esperar con más paz interior tanto en la enfermedad, como en el diario vivir.

18

… y la prisa corroe nuestra armonía interna

Uno de los aspectos que más distingue a nuestra sociedad moderna es la urgencia con que vivimos. No es suficiente hacer las cosas bien; también debemos hacerlas con prisa. Esta obsesión por la prontitud ha llegado a tal grado de exageración que se ha convertido en una de las causas principales de nuestras tensiones y de nuestros trastornos emocionales. Su efecto dañino no nos debe sorprender porque la premura en sí es un fenómeno contrario al orden y a la armonía de nuestra naturaleza.

El orden natural que rige el cuerpo y la mente es extraordinario y fecundo. Todas la imágenes del pasado, todas las palabras de nuestro vocabulario están tan bien guardadas, de manera tan funcional que sin esfuerzo alguno surgen en un momento preciso a la superficie de nuestra conciencia. Es una acción tan sincronizada que en el proceso nos olvidamos de toda su complejidad. Es un universo maravilloso basado en un orden exacto donde todos sus elementos están entrelazados, coexistiendo con una sincronía asombrosa.

En efecto, se trata de un orden que alcanza su máxima expresión cuando trabaja en armonía. De la misma manera que cada persona tiene el rostro y las huellas digitales únicas, existe igualmente en cada persona un ritmo único de hacer las cosas, producto de su constitución genética. Hay quien es rápido al pensar y actuar, mientras otros son más lentos pero, sin embargo, ambos pueden llevar a cabo la misma tarea con igual efectividad. La diferencia está sólo en la velocidad con la que la realizan. No obstante, la sociedad moderna da tanta importancia a la rapidez que reconoce como mejor dotado al que es rápido y menosprecia a aquel que piensa y toma más tiempo para actuar.

Por ello, muchos tratan de alterar su ritmo natural de hacer las cosas, sometiéndose a la tensión que conlleva este cambio. De hecho, el tratar de alterar nuestro ritmo natural e imponer otro, mucho más rápido, es una de las causas de nuestros trastornos mentales. Al modificarlo no se respeta el ritmo interno que forma parte esencial de nuestra naturaleza, trastocando así el reloj interno que regula los cambios de nuestra mente y cuerpo, incluso las horas de comer y dormir y los otros eventos de nuestro diario vivir.

La prisa que imponemos a nuestro eficaz reloj nos saca literalmente de tiempo, alterando nuestro ánimo y haciéndonos irritables y débiles. Trastoca nuestro sueño, dando lugar al insomnio y, como consecuencia, nos sentimos agotados durante el día por falta de suficiente descanso. Asimismo trastorna nuestro régimen alimentario a tal grado que comemos a deshoras y en exceso o, por el contrario, perdemos el apetito. En resumen, la prisa a la larga hace que nuestra mente y nuestro cuerpo sufran, convirtiéndose en un peligro para nuestra paz interior.

Valga aclarar que cuando la prisa surge como un acto espontáneo y necesario, en este caso no va en contra de nuestra propia naturaleza. A manera de ejemplo, si un proyectil nos va a pegar, por instinto nos moveremos fuera de su alcance para evitar su impacto. Este gesto espontáneo y rápido no es contrario a nuestros mejores intereses, aunque se haga con gran prisa.

Lo que no es natural y beneficioso es hacer las cosas con un sentido de urgencia, cuando no existe una verdadera razón para ello. La justificación usual es que sin prisa nuestra productividad disminuye, pero la experiencia nos enseña que muchas veces es la prisa misma la que más afecta la calidad de nuestra vida y de nuestro trabajo.

El propósito de hacer las cosas con prisa es poder terminarlas lo antes posible. Queremos llegar al final sin pasar por todas las etapas necesarias, buscando atrechos a toda costa, sin reconocer el valor y la necesidad de cada etapa que conlleva la realización completa de la obra.

En las competencias de pista y campo el corredor sin experiencia usualmente paga el precio de su inmadurez y de su urgencia por estar primero durante todo el curso de la carrera. Está tan ansioso por mantenerse a la cabecera desde el inicio de la carrera que se olvida de la importancia de mantener un ritmo mesurado que le permita conservar la energía necesaria para el empuje final. Se olvida que su desempeño a mitad de carrera es tan importante como al principio y al final, que sin una labor disciplinada y efectiva en las primeras etapas, no habrá un buen final.

Nuestra vida es como una larga caminata y cada instante requiere cuidadosa atención. Si tenemos prisa, no podremos compenetrarnos bien con el instante que nos ocupa, crecer ni aprovecharlo plenamente. Rabindranath Tagore, el ilustre escritor indio, aconsejaba avanzar paso a paso en nuestra larga caminata por la vida, sin apresurarnos, con paso mesurado. Recomendaba que tuviéramos en nuestro equipaje imaginario un camello que nos llevara a través de los momentos de prueba. Nos advertía que son muchos los desiertos que debemos atravesar y sólo con paciencia y el paso lento, pero seguro, del camello podremos lograrlo. Nos previene que si tratamos de recorrerlos con premura, con la ayuda de un caballo brioso e impaciente, nos agotaremos antes de alcanzar la meta y quizá nos desplomaremos sin vida.

¿Por qué la prisa si cada camino nos lleva a otro camino, si el final de cada camino desemboca en el principio de otro, si siempre hay otro camino esperándonos? ¿Cuál es la prisa de llegar al principio de algo nuevo si no hemos sacado el máximo provecho de aquello que queremos dejar atrás?

Quizá sea porque con la prisa queremos huir de nuestra verdadera realidad: nuestra soledad y nuestro vacío y, más aún, de nuestra responsabilidad de hacer algo de verdadero peso. Muchos de nosotros vivimos en un continuo movimiento porque tememos detenernos para reflexionar sobre nuestra existencia. Sentimos ansias por movernos de un lugar a otro, de una situación a otra, de un grupo a otro, de un trabajo a otro, de una pareja a otra para no encontrarnos con nuestro propio vacío e infelicidad. En gran medida, por eso vivimos en perpetua carrera.

19

Cuando somos víctimas de nuestro mayor enemigo...

Muchas de las frustraciones en nuestra vida surgen como producto de fuerzas externas que no controlamos. Somos víctimas de los accidentes repentinos o de las acciones indignas de las personas que nos rodean. No obstante, un sinnúmero de nuestras penas son consecuencia de nuestros pensamientos y actos, atribuibles al lado irracional que gobierna nuestra mente.

Lo irracional consta de aquellos pensamientos e imágenes que provocan un efecto negativo en nuestra actitud hacia la vida y distorsionan nuestra percepción de la realidad. La realidad, al igual que un rompecabezas, está compuesta de muchas piezas de diferentes formas y colores, algunas claras y otras opacas. Cuando permitimos que una de las piezas oscuras reciba nuestra atención desmedida al punto de eclipsar totalmente la belleza de las otras piezas, alteramos la realidad de la composición. Nos dejamos dominar por una sola pieza, restándole significado a las otras. Ese mismo efecto tiene el pensamiento irracional sobre nuestra mente y nuestro discernimiento, haciéndonos prisioneros de su influencia negativa.

Siempre recordaré la entrevista que le hicieron en el 1992 a un famoso patinador después de su derrota en una competencia olímpica de patinaje sobre hielo. Comentó que, justo cuando se preparaba para su último salto, escuchó una voz de su interior que le susurró y le anticipó su caída. Mientras giraba por el aire escuchaba el diálogo entre una voz afirmativa animándolo y una voz negativa que lo desalentaba. Falló en esa vuelta y perdió la competencia. El abatido patinador comentó que la voz negativa dominó tanto su mente, minando su confianza, que no pudo dar el máximo de su capacidad.

Es inverosímil que uno de los mejores patinadores que ha existido en este deporte haya sido víctima de su propia mente pero, sin embargo, así sucedió. Lo que le ocurrió al famoso patinador es algo que a menudo nos sucede a todos nosotros. Sentimos la fuerza de una voz irracional que da vida a nuestras dudas, socavando la confianza que tenemos en nuestros propios recursos.

Somos igualmente irracionales cuando permitimos que un incidente desagradable borre por completo todo un pasado colmado de vivencias placenteras. No es raro encontrarnos en situaciones donde ponemos en peligro el valor de una vieja y fructífera amistad con un amigo sólo por un incidente de desavenencia. A veces optamos por juzgar severamente la naturaleza de la persona a base de aquel último incidente. Centramos la atención en el conflicto y olvidamos las muchas veces que él dio muestras de lealtad incondicional. No se trata de que no nos debemos incomodar o frustrar en ciertas situaciones con aquellos que nos rodean. Eso es de esperar. Lo incorrecto es la intensidad de nuestra reacción y la influencia que tenga el evento en nuestra apreciación global de aquella persona.

Pero no sólo podemos ser irracionales en nuestra apreciación de los demás, sino también en la que tenemos de nosotros mismos. Lo somos cuando alteramos la percepción de nosotros mismos y nos consideramos como seres perfectos, pretendiendo ser siempre el mejor del grupo, cuando nuestra realidad continuamente nos recuerda que somos semejantes a los demás. Esta búsqueda por una imagen ilusoria de nosotros mismos es producto de la semilla irracional que se encuentra en el fondo de nuestro ser.

¿De dónde proviene esta semilla irracional? Es cierto que en nuestro interior no sólo existe una naturaleza amorosa y juguetona y un espíritu explorador, sino que también hay un enorme miedo, casi un terror, ante la posibilidad de no ser, de dejar de existir. Se puede afirmar que todos nuestros miedos son apéndices de este miedo fundamental. Tanto el miedo a lo desconocido y a la calamidad, como el temor al fracaso surgen como variantes de él.

La idea de nuestra desaparición no sólo nos crea aprensión, sino también nos encamina hacia la formación de pensamientos irracionales: de nuestra actitud exagerada e ilusoria ante muchos de nuestros problemas. Por causa de este miedo existencial, creemos que la seguridad y la integridad de nuestro yo está siempre en peligro. Por eso cerramos fila alrededor de nuestra personalidad para fortalecerla ante una amenaza que no está fuera de nosotros sino dentro de nuestra propia persona. Buscando fortalecer nuestro yo, surge la ilusión del hombre perfecto o la deidad, a manera de una coraza que nos protege de todo peligro. Ante el terror de no ser, crece la necesidad de sentirnos poderosos, invencibles e inmortales.

Sin embargo, esta coraza y escudo mitigan el miedo fundamental, pero nunca lo vencen por completo. Vivimos en estado de vigilancia perpetua, donde cada pieza de nuestra mente y nuestro cuerpo están en alerta, esperando una posible calamidad. Esta tensión ante el enemigo latente es la que provoca el nerviosismo que permea nuestra vida.

La ilusión del hombre perfecto sirve de protección parcial ante nuestra amenaza existencial, pero a la vez se transforma en una muralla perniciosa que socaba la expresión de nuestra naturaleza amorosa. La muralla aparenta protegernos, sin embargo, nos conduce a un distanciamiento de todo aquel que nos rodea incluso los seres más queridos. Pone nuestras necesidades inmediatas, basadas en nuestros miedos, por encima de la necesidad de amar y ser amado, dando lugar a nuestra insensibilidad y nuestra incomprensión.

Es paradójico que esta medida, que se supone fortalezca nuestro carácter, termina debilitándolo, haciéndonos sentir frágiles y solos. Por eso debemos reevaluar los cimientos de nuestra personalidad y conocer mejor la raíz de nuestros miedos. Debemos rehacernos las preguntas más fundamentales de nuestra existencia: ¿de dónde venimos?, ¿quiénes somos? y ¿hacia dónde vamos? Si pensamos que venimos de la nada y regresaremos a ella, este miedo central ante la inexistencia vivirá siempre con nosotros, haciéndose sentir en cada fibra de nuestra existencia, dominando nuestros actos con pensamientos irracionales que son, más bien, reacciones futiles ante la amenaza de nuestra inexistencia. Si afirmamos que venimos de Dios y regresaremos a él, que venimos de la Vida y regresaremos a ella, el miedo sucumbirá ante las fuerzas de vida que existen en Dios. Es por medio de nuestra firme creencia en el Creador, en Su eterna presencia que combatimos nuestro miedo y todo lo irracional que procede de él.

20

... o no reconocemos lo irracional en nuestros sentimientos de culpa

Lo irracional en nosotros no solamente altera nuestra visión sobre nuestras capacidades, aumentándolas desproporcionadamente como hemos mencionado en el capítulo anterior, sino que además trastoca la apreciación de nuestros actos, haciéndonos sentir responsables de errores que en realidad no hemos cometido. ¿Cuántas veces habremos cargado con el peso de una culpa de la cual no somos responsables? Muchas veces, en esos momentos lo irracional en nuestro interior se apodera de nuestra conciencia, señalándola como responsable de accidentes puramente imprevistos o de los errores de los otros.

Desgraciadamente, lo irracional tiene el poder de hacernos sentir culpables cuando no hay razón para ello o también percibir fallas en los demás cuando en verdad son nuestras. Esta inclinación morbosa y desatinada, que nos hace víctimas y victimarios, la encontramos vivamente ilustrada en el caso de Raúl, un paciente a quien, por desgracia, le detecté un cáncer de colon o más bien, por suerte, ya que estaba en una etapa resecable y totalmente curable. Como era de esperar, la cirugía inminente lo había deprimido, sin embargo, al cabo de la operación y los buenos resultados se suponía que superara la depresión, pero no fue así del todo. Al contrario, su estado de ánimo decayó más todavía, llegando a hablar sobre su cáncer como si hubiese sido el producto de su propia irresponsabilidad, de su mala alimentación y falta de ejercicio. Se hacía responsable de su destino y peor aún, negaba el lado positivo de su suerte.

Su razonamiento no tenía sentido pero una tarde, después de una larga conversación, comprendí mejor el motivo de su depresión. Raúl era el producto de unos padres sumamente críticos con sus hijos y, a la vez, era el más pequeño de los dos hermanos varones. Todos, menos él, tenían carácter fuerte y cuando en la casa algo sucedía mal: un vaso roto, una cuchara perdida, un lapachero en la cocina, la norma era señalarlo a él como el causante. Al principio Raúl se defendía férreamente de los ataques pero, por último, prefirió mantener silencio, resignado a las exigencias de estos caracteres tan fuertes.

Al casarse, era de esperar que su destino cambiara, sin embargo, no fue así. La dinámica en su nuevo hogar era semejante a la del anterior; sólo el rostro del victimario había cambiado. Cuando el automóvil de su esposa se dañaba, se le culpaba a él por no haberlo llevado a tiempo a reparar. Siempre la culpa recaía sobre él, no empece su esfuerzo por hacer diligentemente todas sus tareas. Incluso, hasta su único hijo, ya adolescente, se hizo cómplice de los señalamientos de su madre, culpando al padre por sus malas calificaciones y sus otros conflictos en la escuela.

En medio de este clima de crítica y culpa se dio la enfermedad de Raúl y este hizo exactamente lo que aprendió a hacer en su hogar paterno y luego continuó haciendo en su propia casa: se culpó a sí mismo por su condición física. Se decía en su interior: "Si hubiese hecho las cosas como mis padres y mi esposa me habían advertido, si me hubiese alimentado mejor, esto no hubiese sucedido". En fin, en su depresión, Raúl era víctima otra vez del mundo irracional que había reinado en toda su vida.

A raíz de nuestra larga conversación, entendí mejor su problema. Lo que le causaba su depresión no era la realidad de su cáncer en sí sino su actitud permanente ante cualquier desdicha en su vida. Su sentido de culpa, adquirido a través de sus años de formación y luego en sus años de adulto, había calado bien hondo en su personalidad. Su enfermedad sólo había colmado la copa. Ya el cirujano había tratado su cáncer, ahora había que tratar lo que había de irracional detrás de muchas de sus culpas. Luego de hacerle saber mi descubrimiento, le recomendé ayuda sicológica, y la aceptó.

Le dejé de ver por un tiempo pero, tres meses más tarde se presentó en mi consultorio, esta vez con su esposa. Querían ponerme al día con los nuevos sucesos en sus vidas. Esta vez Raúl era otra persona, ya no estaba deprimido, al contrario, estaba lleno de vida. Ambos se habían sometido a terapia individual y conyugal. Tanto el cambio en él, como en su relación con ella, eran muy positivos. Ella no sólo era más sensible a las necesidades de Raúl, sino que además era más consciente de sus propias fallas en la relación matrimonial. Ambos entendían mejor cómo el sentimiento de culpa corroía sus vidas, uno como víctima y otro como victimario. Comprendían que sólo liberándose de esa carga podían rehacer sus vidas. ¡Qué bien viviríamos si nos quitáramos el peso de una culpa irracional!

21

... o nos atamos al pasado, o vivimos preocupados por el futuro

Mi tío Jorge era un hombre mundano, le encantaba la vida y sabía vivirla a plenitud. Tenía su carrera profesional, pero su trabajo era un mero instrumento para ganarse la vida; en cuanto finalizaba su jornada del día, salía a disfrutar sus horas libres. Le encantaba caminar por las calles de la ciudad, incluso creo que nunca tuvo un automóvil, quizá por su propio bien, porque siempre estaba demasiado pendiente a todo lo que hacía la gente a su alrededor. Además, disfrutaba mucho sus viajes en el autobús y siempre, cuando llegaba de una travesía, tenía un cuento para relatar sobre la gente que lo acompañaba en el trayecto.

Su mejor diversión era observar a la gente y fijarse en los detalles de sus vestimentas y sus gestos. Los domingos pasaba el día entero en el aeropuerto viendo a la gente esperar en fila para abordar el avión. Usualmente llegaban acompañados de un séquito de familiares que habían sacado el día para despedirlos. Cuando mi tío llegaba de su pasadía en el aeropuerto, estaba lleno de historias e intrigas que él había creado en su mente sobre las vidas de estos viajeros y sus familiares, los cuales habían estado largas horas bajo su escrutinio, a través de sus espejuelos oscuros, sin que nadie se diera cuenta de sus intenciones.

De la manera de vestir, de las conversaciones que escuchaba, del trato entre ellos, él había creado una composición de las vidas de esta gente: sus esperanzas, sus frustraciones, sus miedos y sus penas. Cuando me hacía las historias, mis ojos cándidos de trece años miraban a mi tío, llenos de admiración, como si estuviese frente a un Sherlock Holmes nativo que, con sólo ver las manos y los zapatos de la gente, podía descifrar su oficio y su procedencia. Era un observador minucioso y, por tanto, un cuentista asombroso.

En aquel entonces me encantaba leer y quizá ocultarme entre mis libros, sin salir mucho de mi hogar. Para mi tío eso era motivo de preocupación y siempre le señalaba a mi madre que, de tanto pensar, mi mente se iba a atrofiar. Siempre me decía que el exceso de reflexión hacía daño y que debía salir y ver el mundo: disfrutar el sol y el viento, admirar la belleza de la naturaleza, hacer deportes al aire libre, compenetrarme con todo tipo de gente, disfrutando de la conversación como él y aprendiendo el arte de narrar los detalles de lo que había visto y escuchado.

Para mi tío, cada momento del día era digno de contemplación y de celebración. Por eso se fijaba y se acordaba de tanto detalle. Si caminábamos por el parque no había flor bonita que él no divisara. Parecía como si nada hermoso pudiese pasar inadvertido a su mirada. Si nos hospedábamos en un hotel, el vestíbulo era su lugar preferido donde pasábamos horas muertas viendo a la humanidad pasar frente a nuestros ojos como si fuese una película. Parecía una distracción pasiva pero definitivamente no lo era, porque luego esos personajes que deambulaban se convertían en los personajes de sus historias, las cuales luego narraría a sus amigos en una noche de bohemia y de largos tragos.

Muchos años han pasado desde que mi tío murió. Lamentablemente tardé mucho en aprender el valor de sus consejos: la sabiduría de sus palabras y su ejemplo. Para ser como mi tío Jorge, o sea, un enamorado de la vida, debería desarrollar buenos ojos y buenos oídos para fijarme en los detalles del mundo que me rodea y una mente alerta a cada instante. No debería ser tan introspectivo, tan aferrado a las ideas y a las imágenes de mi interior. Debería tener un balance en la vida, dedicándole tiempo igual al mundo de las sensaciones. Ese fue el gran legado a su sobrino. Me enseñó a fijarme en el instante, en el espacio real.

Nosotros ocupamos dos espacios en cada momento de nuestra vida. En primer lugar, existe el espacio real donde estamos ubicados; lo constituye todo aquello que nos circunda, lo que está al alcance de nuestros sentidos: de la vista, oídos y, más cerca aún, de nuestro tacto, olfato y gusto. Se trata de nuestro pequeño presente inmediato, lo animado y lo inanimado a nuestro alrededor.

Además, se halla el espacio sicológico o mental, el cual nos permite ver mucho más allá de nuestro pequeño mundo real: revisar el pasado e imaginarnos el futuro. Cuando estamos sumergidos en un estado mental, estamos físicamente ubicados en un lugar, pero no estamos del todo conscientes de ello. Podemos tener algo justo frente a nuestra vista pero no lo estamos viendo en verdad, porque los ojos de nuestra mente están fijos en otro asunto, en otra imagen del pasado o futuro que la ocupa.

Con frecuencia fijamos nuestra mente en el pasado; no sólo revivimos imágenes ya consumadas, sino que despertamos también las emociones vinculadas a esos momentos ya transcurridos. Cada etapa de nuestro pasado es como un apartamento desocupado que estuvo lleno de vida, con momentos de alegría y tristeza. Por desgracia, muchos de nosotros continuamos obstinadamente apegados a ese apartamento, centrando nuestra mente en él, a veces de manera obsesiva, empleando la imaginación para visitar el apartamento que una vez ocupamos y dándole vida a algo que ya no la tiene.

En estos casos el pasado se convierte en un ancla que no permite que nuestra barca continúe su trayecto en el río de la vida. Entonces el pasado deja de servirnos de guía y se torna en una carga pesada que atrasa nuestra marcha hacia el futuro. Nuestro presente se convierte así en un revivir continuo del pasado en el que nos anclamos.

Es desafortunado para nuestro crecimiento que pasemos gran parte de nuestra vida sumergidos en este espacio mental. Nos quedamos fijos en el pasado o nos vamos al otro extremo, a un futuro imaginario que nunca llegará, sin poder disfrutar del mundo que nos rodea. Sin embargo, cuando vivimos en el espacio real, nos convertimos en descubridores de nuestro mundo inmediato, incluso hallando riqueza en los caminos habituales por donde muchas veces habíamos pasado, por donde antes sólo existía un vacío. En este estado, la actividad mental deja de eclipsar los sentidos y nos sentimos vivos, como nunca antes.

Por eso frecuentemente, si no siempre, debemos fijar la mirada en lo que está frente a nosotros, que no es otra cosa que nuestro presente inmediato, para encontrar el caudal de belleza que nos rodea. Si, al contrario, nos apegamos al pasado o vivimos pensando en un futuro que todavía no ha llegado, los sucesos del presente pasarán frente a nosotros sin darnos cuenta de su presencia. Es en la riqueza de cada instante donde encontraremos gran parte de nuestra felicidad.

22

… o permitimos que el miedo al fracaso gobierne nuestra vida

Los juegos y deportes pueden ser motivo de gran satisfacción o, al contrario, de suma frustración, según sea nuestra actitud ante el juego. Así también ocurre en la vida porque los valores que se aplican a lo recreativo suelen ser similares a los que rigen nuestro diario vivir. Con frecuencia nos asombramos de la seriedad con que tomamos el resultado de un partido de tenis o un juego de naipes, porque llegamos a deprimirnos todo un día por la derrota en un mero juego. Es decir, tratamos el revés como si fuese el fracaso de nuestra personalidad.

Por desgracia, esta reacción sucede cuando nos dejamos gobernar por un sistema de valores que glorifica y recompensa sólo el triunfo sobre los otros competidores y no el esfuerzo del jugador. Por tal razón, aun cuando hemos dado lo máximo de nuestras habilidades en un partido, no nos sentimos conformes con nuestro desempeño si hemos sido derrotados.

Paradójicamente, este sistema de valores que tanto predomina en el mundo occidental y tanto exalta el triunfo y el individualismo, tiene efectos contraproducentes en nuestro crecimiento como seres humanos. Si los valores nos exigen que nuestra única meta en todo lo que hacemos sea sólo el triunfo, tarde o temprano, el juego o el oficio se convertirá en una enorme carga y será motivo de tensión y frustración. Junto al deseo por ganar está el miedo a la derrota, y mientras más interés tengamos por triunfar, más miedo sentiremos de perder.

En este esquema de valores nuestro adversario aparenta ser el enemigo pero, por el contrario, lo somos nosotros mismos, sobre todo nuestro orgullo, que es el producto de los valores competitivos de nuestra sociedad. Estos valores son los que nos hacen considerarnos seres perfectos, siempre mejores que los demás. Esta imagen ilusoria y de superioridad nos imposibilita actuar libremente y nos hace sentir un profundo miedo ante la posibilidad de perder.

¿Cómo podremos librarnos de la carga que nos causa nuestro equivocado y frágil orgullo? Sólo lo lograremos cuando modifiquemos la apreciación que tenemos de aquello que nos puede hacer sentir orgullosos. Es decir, apreciando el mérito que conlleva el hacer las cosas con determinación. La dedicación a nuestra tarea es lo que en realidad nos debe hacer sentir orgullosos.

Aunque obtengamos resultados adversos en nuestras tareas, no debemos concluir que el esfuerzo haya sido inútil porque siempre podemos aprender de los fracasos. Incluso quizá sea en el proceso mismo de recuperación ante un revés cuando más aprendamos sobre un problema y, más importante aún, sobre nuestras virtudes y limitaciones. Si algo celebran los aficionados del deporte son esos momentos de recuperación cuando el atleta caído luce toda su gallardía y capacidad para recuperarse de una mala salida o un accidente.

Del mismo modo, todos celebramos cuando alquien logra, con gran esfuerzo y voluntad, vencer sus miedos personales, sobre todo, el miedo al fracaso. Este miedo tiende a ser tan poderoso que muchas veces no nos permite comenzar una nueva empresa o tomar los riesgos necesarios que nos exigen algunas tareas.

Por eso, Juan se sintió muy orgulloso de sí mismo tras vencer este miedo temprano en su carrera médica. Lo conocí en mi clase de anatomía durante el primer año en la escuela de medicina. Era uno de mis tres compañeros a cargo de la disección del cadáver asignado. Recuerdo claramente cómo sus manos temblaron en el primer día de clase cuando iba a dar su primera incisión en el cuerpo inerte. Lo mismo le había pasado en la clase de histología cuando iba a disecar el cuerpo de un ratón anestesiado, pero ese episodio me lo habían contado porque yo no estaba en ese grupo. Mis manos y las de los otros dos compañeros también temblaron en nuestro momento, pero jamás como las de Juan, quien no pudo hacer ninguna incisión en esta sesión y terminó agotado y empapado en sudor.

Era digno de pena, incluso llegamos a pensar que iba a tener que darse de baja de la clase y, por extensión, de sus aspiraciones a ser médico. Pero no fue así. Durante las primeras dos semanas continuó igual, mas al cabo de la tercera, sus manos empezaron a temblar menos y comenzó a hacer sus primeras incisiones. Todos sentimos un gran alivio con el cambio y contentos por él. Por fin se veía un indicio de tranquilidad en su semblante el cual, hasta el momento, sólo había reflejado miseria y ansiedad.

Lo fascinante del caso es que no sólo pudo sobreponerse a su gran miedo sino que, en su empeño por superarse, logró al cabo del tiempo más destrezas que el resto del grupo. Desarrolló tanto interés por el arte de la disección que fue el único del grupo que terminó haciendo su especialidad en el campo de la cirugía.

Muchos años más tarde me lo encontré en una convención médica en Estados Unidos donde él era uno de los conferenciantes principales sobre el tema de la cirugía. Salimos a comer esa noche y, cuando platicábamos, recordamos esos primeros días en la clase de anatomía. Me dijo, con voz pausada: "Jorge, jamás pensé que iba a vencer ese miedo que tanto me abrumaba; fíjate el provecho que le saqué. Sin duda ese fue el momento más importante de mi carrera".

23

... o nos escondemos detrás de una coraza de soberbia

La soberbia es uno de los grandes males que corroe nuestra armonía interna y nos aleja de Dios. Está basada en la suposición de que somos superiores a los demás y de que por esto nos merecemos mucho más que ellos. Incluso ella nos hace creer que somos omnipotentes y autosuficientes, al punto de creernos plenamente realizados sin la presencia de Dios.

Así pensó Edgardo durante gran parte de su vida. Desde niño se había destacado en su escuela, recibiendo año tras año el premio como el mejor estudiante de su salón. Su fama trascendía su colegio, ya que en las competencias de ciencia del país siempre lograba la primera medalla. Sus años universitarios no fueron diferentes. Se decidió por la premédica cursando sus estudios con calificaciones sobresalientes y luego estudió medicina con el mismo éxito.

Después de graduarse se dedicó a la cirugía general y luego a la neurocirugía y se convirtió en uno de los mejores especialistas del país. Pero también se convirtió en uno de los maestros más temidos en la escuela de medicina donde enseñaba.

En verdad era un magnífico conferenciante ya que conocía su materia a perfección, pero tenía una falta que le restaba fuerza a todos sus méritos: su soberbia. Sus proezas en el quirófano eran ya legendarias, pero esto no justificaba su conducta burlona con el estudiante y hasta con sus propios colegas. Siempre imponía su manera de pensar y nunca mostraba reparo alguno en ofender a los demás.

Pero un día su suerte cambió. Se había contaminado con una cortadura imperceptible en el quirófano y ahora tenía una hepatitis viral. Gradualmente su condición empeoró y fue internado con una ictericia severa e inanición. Lo triste del caso es que no había tratamiento curativo para su enfermedad; sólo se podía ayudar con paliativos. Todavía el trasplante de hígado no estaba disponible.

De ser un hombre acostumbrado a tener todo bajo su control, ahora se confrontaba con una realidad diferente: la fragilidad de su cuerpo. Él, que nunca había pensado en su propia muerte, estaba cara a cara frente a esta posibilidad. Por primera vez en su vida sintió lo que era estar indefenso. Incluso no sabía ni cómo rezar, ya que nunca se había preocupado por hacerlo, ni siquiera cuando murieron sus padres. Aceptó la muerte como un hecho inevitable a consecuencia de la edad. Había pasado una vida excluyendo a Dios de todos sus logros. Sus proezas eran producto sólo de su empeño y sus talentos y Dios nunca tuvo nada que ver con ellas. Pero ahora sentía una gran nesesidad de incluir a Dios en su vida.

Una noche lo vino a visitar Rodrigo, su hermano menor, cargando un libro pesado. Era la Biblia o mejor dicho, su propia Biblia que tanto lo había ayudado en sus momentos negros porque, para Rodrigo, la vida no había sido tan color de rosa como la de su hermano; al contrario, había vivido siempre bajo la sombra de su ejemplar hermano mayor. No la había traído en sus visitas anteriores, temiendo que Edgardo se mofara de él, pero esta vez, viendo que la salud de su hermano se estaba deteriorando, se aventuró a llevársela. Para su sorpresa Edgardo lo recibió con palabras de agradecimiento. Incluso se conmovió cuando Rodrigo le confesó que esta Biblia medio desgastada le había servido por muchos años de paño de lágrimas cuando no pudo alcanzar las metas de su querido hermano mayor. Sin ella no hubiese rescatado la paz interior que había perdido ante las contrariedades de su vida. Ahora le tocaba a Edgardo usarla para encontrar su paz ante el embate de su enfermedad.

Así lo hizo Edgardo. Con la Biblia comenzó a orar y a conocer el mundo de Dios. Lo interesante del caso es que poco a poco su enfermedad mejoró y pudo regresar a su casa. No se había curado de ella, pero se sentía mucho mejor, y llegó a recuperar el peso que había perdido.

Al salir del hospital no era el mismo Edgardo de antes. La inseguridad que engendra la enfermedad grave o, más bien la confrontación con su fragilidad, lo había transformado, lo había humanizado. Se dio cuenta de que su constitución no era de piedra como siempre había pensado; era igual de frágil que el resto del mundo. Ahora comprendía mejor las inseguridades de los demás.

En el proceso había ganado mucho al dejar de excluir a Dios de su mundo. Era, en efecto, su soberbia la que había excluido a Dios. Su realidad ahora era más amplia y completa. Me señaló en su relato sobre su vida anterior que, cuando veía un amanecer o un atardecer, se asombraba de su belleza cautivadora, pero su experiencia no iba más alla de un asombro. Ahora ve la misma belleza, mas no sólo se asombra de ella sino también de su Creador, del Dios que está detrás de lo visible.

La soberbia no sólo nos puede hacer daño de esta manera, excluyéndonos totalmente de Dios. A veces la soberbia nos permite ver a Dios, pero de una manera distinta a como es Él. Lo vemos a nuestra conveniencia, como si fuese solamente nuestro y de nadie más. Lo tratamos como el padre de unos pocos y no de todos, un padre que sólo favorece a los escogidos y no a todos. Recuerdo un paciente que, en su charla conmigo en el consultorio, se refería a Dios como "mi Padre" cuando en verdad pertenece a todos. Ahí también hay soberbia.

Pero la soberbia no sólo nos excluye de Dios o de un Dios verdadero como en el último caso, sino que nos excluye también de nuestro verdadero yo. Aquel que vive en un estado de soberbia se siente bien consigo mismo sólo cuando actúa conforme a la imagen de perfección que tiene de sí y no a la imagen humana que comprende su verdadera naturaleza, con sus inseguridades y flaquezas. Por eso sufre tanta desilusión ante la realidad de que no puede ser siempre la roca inmutable que pretende ser.

Además, la soberbia nos resta libertad para crecer. De hecho, lo que no nos permite emprender nuevas aventuras ni experimentar con nuestros potenciales no se encuentra fuera de nosotros, sino en nuestro propio interior, en la imagen ilusoria que tenemos de nosotros mismos. Esta imagen es la que nos convierte en víctimas, privándonos de nuestra libertad para pensar y actuar, sujetos al miedo ante el desencanto con nuestro auténtico yo. Si nos liberáramos de este sentimiento de perfección seríamos más felices con nosotros mismos.

24

... o somos presa de los celos

El celo es un estado que se apodera de la mente cuando sentimos que la atención codiciada por nosotros recae sobre otra persona. Experimentamos celo porque resentimos que se nos niege la atención que anteriormente no era compartida. En efecto, el celo surge como un reclamo de esa atención especial de la cual nos sentimos merecedores.

La experiencia de celo es bastante normal en nuestra vida, siempre y cuando no sea desproporcionada. Desde nuestra infancia vivimos épocas de celo, sobre todo cuando tenemos hermanos. Todos hemos vivido momentos cuando sentimos que la atención de nuestros padres se centra en las necesidades de nuestros hermanos, a expensas de las nuestras. De igual manera, durante el curso de nuestra vida podemos señalar un sinnúmero de ejemplos de celo, tanto con nuestros propios padres o hermanos, como con nuestros cónyuges, hijos, amigos o compañeros de trabajo.

Pero no es este celo el que nos crea angustia. Es el celo descabellado y descontrolado el que es motivo de preocupación, debido al daño que causa tanto a la persona misma que lo siente como a aquella de quien se siente o por quien se siente. Por causa de los celos, ¿cuántas veces hemos tenido que pedir disculpas por algo que nunca sucedió? ¿cuántas veces hemos hechos acusaciones falsas? ¿cuántas veces hemos herido a alguien por algo que nunca ocurrió? El celo desenfrenado hace daño a todos los afectados.

¿En qué consiste esta forma de celo? Resulta en distorsionar la realidad a tal punto que perdemos el control de nuestras reacciones y emociones. Por su causa, nuestra imaginación se convierte en nuestro enemigo y en un fiscal que encuentra huellas delatadoras donde no las hay. Así, por ejemplo, podemos sospechar que la persona que amamos tiene una intriga amorosa cuando sólo tiene una amistad.

¿Por qué surge el celo descabellado? En gran medida, por un miedo irracional, por un enorme miedo a sentirnos abandonados. En el celo irracional no sólo sentimos que los lazos de afecto y respeto con la persona amada están en peligro, sino que sentimos que hasta nuestra propia vida está en peligro. Concebimos la atención de la persona amada hacia nosotros como imprescindible en nuestra vida. Sin la presencia de esta atención nos sentimos totalmente abandonados.

En cambio, con el celo racional la persona podrá sentir el miedo que surge ante la posibilidad de no recibir la atención esperada, pero sabrá muy bien que nunca se sentirá abandonada. Sentirá que habrá otras personas que podrán darle la atención esperada, aunque sea parcialmente y, por tal razón, nunca notará que su vida está en peligro. Experimentará tristeza por falta de esa atención codiciada, pero no se sentirá totalmente abandonada e indefensa.

El celo desproporcionado surge de sentimientos profundos que se originan en nuestra infancia: de nuestro miedo al abandono y de sentirnos indefensos. No es de extrañar que el infante sienta miedo ante la posibilidad de abandono porque él sí está indefenso. Por eso grita y llora con desesperación cuando siente que su alimento no llega; él no puede ponerse de pie para salir a buscarlo.

Se puede deducir que el celo descabellado en el adulto es una regresión a su infancia, a su estado indefenso y frágil. Por eso mismo el celoso distorsiona tanto la realidad. Como el infante, sus reclamos de atención no tienen límites y nunca se pueden satisfacer. En el caso del adulto, exige que la amada sea para él una madre abnegada e incondicional, dispuesta a alimentarlo y a tolerarlo en todo momento, como si fuese un bebe.

Sin duda la mente de la persona celosa es la de un esclavo: abrumado por imágenes y pensamientos negativos, que proceden de su inconsciente, a tal punto que lo hacen perder su capacidad para analizar el presente sobre la base de los hechos reales. Los acontecimientos del presente los visualiza ahora a través de un lente sumamente empañado por los miedos e inseguridades que trabajan sigilosamente en lo hondo de su ser, vestigios de sus años de formación. Por causa de este lente empañado, encuentra razón para la desconfianza en los actos menos significativos. Por ello desconfía de la persona amada y deja de ver el bien que existe en ella.

La relación entre el celo y el sentimiento de abandono era evidente en el caso de Juan. Éste llevaba diez años casado felizmente con Leticia y procreó tres hijos. Habían vivido momentos de conflicto como todas las parejas pero siempre los habían superado, gracias al amor y la comprensión entre ellos. Incluso ambos habían experimentado celos con sus compañeros de trabajo, sobre todo cuando las obligaciones del oficio les exigían trabajar hasta más tarde de lo usual. No obstante, eran infrecuentes esos momentos.

Pero un día Juan empezó a celar a Leticia por todo. Si ella se fijaba mucho en un actor de la televisión, él se molestaba con ella y la criticaba por su interés en el actor como si ella fuese a salir con él. Con su trabajo era peor. Cuando ella llegaba más tarde de lo acostumbrado, la esperaba con preguntas sobre su atraso, tratando de determinar si las explicaciones eran lógicas o no. Su inquisición tenía desesperada a Leticia, porque ponía en tela de juicio su conducta intachable.

Mientras este drama sucedía, un acontecimiento importante

estaba pasando en la vida de Juan: su madre se estaba muriendo de cáncer avanzado. Su padre había muerto muchos años antes y, como era hijo único, de su familia inicial sólo le quedaba su madre. Cuando su padre se enfermó, Juan se había deprimido mucho, sin embargo, con la enfermedad de su madre, parecía tener más fortaleza; incluso le había confesado a Leticia que esperaba que la muerte viniera pronto para que ella no sufriera.

Pero, en verdad, la muerte cercana de su madre estaba calando bien hondo en él y se estaba deprimiendo gradualmente, sin percatarse de ello. No era para menos, puesto que el ser más querido en su vida lo iba a abandonar. Ahora estaba reviviendo la soledad y el sentido de abandono que sintió con la muerte de su padre.

Él fue incapaz de hacer la asociación entre los celos hacia su esposa y la muerte cercana de su madre hasta que Leticia se lo señaló en un momento de riña. Le dijo: "Creo que la enfermedad de tu madre te está afectando demasiado y quiero que sepas que yo te quiero y siempre estaré a tu lado. Hace tiempo que se lo prometí a tu madre y siempre lo cumpliré". "Es cierto", confesó él, "aparte de ella no tengo a nadie más excepto tú y los hijos, y éstos pronto se irán a criar sus propias familias cuando les llegue el momento". Entonces, después de un breve silencio, añadió: "Tengo miedo de que también me abandones". En fin, la muerte de su madre había despertado los sentimientos de miedo al abandono y a la soledad que todos tenemos en mayor o menor grado. En el caso de Juan había mucho miedo y se manifestaba en sus incontrolables celos. Después de conocer lo que estaba pasando en su interior, Juan dejó de desconfiar de su esposa y pudo, junto a ella, sobreponerse a su pena por la pérdida de su madre.

25

... o no sabemos perdonarnos a nosotros mismos

Con el tiempo he aprendido que la tarea de perdonar a los demás se hace más liviana y más sencilla si he logrado perdonarme a mí mismo por mis faltas. Mientras más comprensivos somos con nosotros mismos, más comprensivos seremos con los demás.

Pero ser clementes con nosotros mismos es tarea árdua. Solemos ser tan exigentes que se nos hace difícil aceptar el hecho de que podemos errar. Muchas veces cuando nos equivocamos, le damos tanta importancia a nuestro error que lo convertimos en un ancla pesada que no nos permite seguir adelante en nuestra travesía por las aguas de la vida.

Ante esta gran carga, que nos dobla las espaldas y nos oprime la frente, buscamos con ansias el camino hacia la liberación del peso de nuestra culpa. El trayecto es cuesta arriba y se inicia con el verdadero arrepentimiento, cuando experimentamos dolor y pena por nuestra falta, expresando nuestro propósito de enmienda, de ser diferentes para que la falta no se repita. Sin este arrepentimiento y esta nueva resolución de nada vale seguir adelante en nuestro empeño por encontrar nuestro perdón.

Y luego, ¿a quién le pedimos perdón? A Dios, a la persona ofendida y a nuestra conciencia. No basta con pedirle perdón a Dios y a nuestra conciencia si no lo hacemos directamente al ofendido. El arrepentimiento real es en sí un acto de valor; requiere que pongamos nuestro orgullo al lado, asumamos una actitud humilde ante nuestra falta y pidamos disculpa al ofendido por lo acontecido.

Pero muchas veces no es suficiente el ser perdonado por la persona ofendida, porque seguimos cargando la culpa sin tregua en nuestra conciencia. Entonces es cuando más acudimos a Dios para nuestro amparo.

Esas ansias por encontrar la ayuda de Dios eran claramente evidentes en la mayor parte de la gente que visitaba a Medjugorje, durante mi estancia en este pueblo yugoslavo en septiembre del 1989. En esa época visitaba esta aldea agrícola donde unos jóvenes llevaban varios años dando sus testimonios de las apariciones diarias de la Virgen María. La estadía allí fue una experiencia conmovedora para mí y para los amigos que me acompañaban, no sólo por el ambiente espiritual que reinaba en la aldea, sino también por la actitud fervorosa de la gente en favor de la confesión.

En la plaza alrededor de la iglesia, millares de personas esperaban en fila su turno para la confesión. Había gente de todas partes del mundo, de pie y en silencio, con seriedad en sus rostros, en busca de un alivio para sus culpas. Sus miradas reflejaban el deseo de rescatar la paz que habían perdido con sus faltas y esperaban hacerlo por medio de la confesión.

Cara a cara, sin nada que los separara, las personas se sentaban junto a sus confesores y derramaban el peso de sus sufrimientos, de sus culpas, de sus desgracias, con palabras, lágrimas y voces entrecortadas. Aunque había miles de personas y un murmullo incesante, la mirada del confesor estaba fija en el penitente y la de éste en aquel, como si nada más estuviese sucediendo, sin urgencia por finalizar la confesión; al contrario, con interés de que la confesión se diera plenamente. En muchos casos se trataba de un momento de conversión, de limpieza interior para poder reconstruir una nueva vida encaminada hacia Dios.

De hecho, la confesión es la manera católica de buscar y encontrar el perdón de Dios y, al hacerlo, perdonarnos a nosotros mismos. Los católicos consideramos al sacerdote un representante de Dios y el efecto de recibir su perdón nos sirve de aliento para que nosotros mismos nos perdonemos, siempre y cuando en verdad nos sintamos arrepentidos.

En la confesión plena se da un intercambio vital para lograr el perdón y nuestra liberación de un daño cometido. En ella abrimos nuestro corazón, sin reserva alguna, sin dejar atrás nada, con la certeza de ser escuchados y la confianza de encontrar la misericordia prometida. Se trata de un intercambio emotivo, en el que confesor y confesado asumen una gran responsabilidad. Por eso no debe ser un mero ritual en el que se intercambien palabras vacías; al contrario, debe ser un gran encuentro: en un lado debe reinar la comprensión y la misericordia, y en el otro, la sinceridad y el dolor.

Indudablemente si la confesión se da así, con tanto amor y valor, ésta nos ha de conducir hacia un nuevo y mejor camino en nuestra vida, liberados de la pesada carga de nuestras culpas.

26

Cuando nuestra mente está agitada y dispersa...

Nuestra sociedad está en crisis y no queremos aceptarlo. Se nos hace muy doloroso aceptar la dirección que ha tomado nuestro destino colectivo y por tal razón la negamos, amparándonos en un mar de ilusiones y fantasías que desfila frente a nuestros ojos, tanto en la pantalla de la televisión o del cine, como en los otros medios de comunicación. Vivimos pretendiendo ser lo que no somos, viviendo de ilusiones y sufrimos ante el desengaño de no ser como esas figuras que adulamos.

Se trata de una sociedad donde reina la turbulencia y no la tranquilidad, donde nos guían nuestros miedos y nuestras inseguridades, donde despunta la violencia por encima del sosiego. Nuestras mujeres sufren porque no se les permite alcanzar la plenitud de sus potenciales. El hombre sufre porque su machismo y su delirio de grandeza lo enajenan de su propia naturaleza espontánea y amorosa, para asumir el papel ilusorio del hombre impenetrable y perfecto que en verdad no es. Mientras los jóvenes buscan alivio en el alcohol, la droga, el sexo desenfrenado y el ***high*** fugaz, los adultos hacen lo mismo con los sedantes, los antidepresivos, el alcohol, sus aventuras amorosas, los juegos de azar y el consumismo.

De la misma manera que nuestra sociedad está en turbulencia, así está nuestra mente, dominada por nuestros temores y la incertidumbre. No es de extrañar que padezcamos de un cansancio incesante: nos despertamos cansados y así continuamos el resto del día hasta llegar a la noche cuando experimentamos la tortura de un sueño interrumpido por pesadillas y preocupaciones. Por eso en mi consultorio médico el cansancio es una de las quejas principales de los pacientes.

¿Por qué nuestras preocupaciones, miedos e inseguridades nos causan tanto cansancio? Sencillamente porque nuestra mente no puede mantenerse agitada por tanto tiempo sin sucumbir ante la fatiga mental. Tarde o temprano la fatiga mental se apoderará de nosotros si no descansamos. Lo mismo sucede con nuestros músculos en los brazos y las piernas. Si le damos a los brazos estirados la tarea de sostener en alto un libro de sólo dos libras, al cabo de un tiempo no podrá hacerlo más, por la fatiga que sentirán los músculos y se nos caerá de las manos. Así mismo sucede con nuestra mente si no le damos el tiempo necesario para el descanso y la recuperación.

Si no descansamos, trabajamos a medias nuestra jornada, pues no damos lo mejor de nuestra capacidad. Por ello debemos aprender a controlar nuestra mente y, sobre todo, a silenciarla de los ruidos internos que tanta fatiga nos causan y tanto nos alejan de nuestra paz interior.

Como decía en los capítulos anteriores, aprenderemos a sobrellevar la crisis de nuestra sociedad y también la nuestra si hacemos los cambios debidos en los valores y actitudes que rigen nuestra vida. Existen también unos recursos sencillos que son sumamente valiosos para encontrar la paz interior: los ejercicios sensoriales o de respiración, la contemplación, la meditación y la oración.

Todos ellos son llaves que abren las puertas de nuestro interior donde reina el silencio. En esta tranquilidad nos sentiremos liberados de toda tensión, incluso de la influencia y la presión que embarga la imagen ilusoria que nosotros tenemos de nosotros mismos, de nuestra auto-conciencia. En este silencio encontramos un reposo absoluto.

En los ejercicios sensoriales nuestra atención está totalmente fija en las sensaciones de nuestro cuerpo, particularmente las que corresponden a la piel. En estado de reposo, recorremos las sensaciones que experimentamos en cada área del cuerpo, empezando desde los dedos de los pies hasta llegar a la cima de nuestra cabeza, para luego repetir el mismo proceso. Existen otras maneras de realizar el ejercicio, pero en esencia logran el mismo propósito de ocupar la mente con nuestras sensaciones corporales.

De igual manera, logramos la tranquilidad por medio de nuestra respiración, al ser conscientes de sus movimientos rítmicos. Al fijarnos en el proceso de inhalación y exhalación, particularmente cuando la respiración es lenta, nos sentimos hipnotizados con el vaivén del aire que entra y sale de nuestros pulmones. Su ritmo incesante y su fluidez cautivan nuestra mente creando una sensación de sosiego, como si todo nuestro metabolismo gradualmente se apagara, al compás de nuestra pausada respiración.

Durante la contemplación centramos la mente en algún objeto o escena y lo miramos con detenimiento, observando sus detalles o sintiendo el efecto que su unidad integral ejerce sobre nosotros. En esos instantes nos liberamos de nosotros mismos al entregar nuestras energías a la materia contemplada. Dejamos de pensar en nuestras preocupaciones y ocupamos nuestra pantalla mental con sólo aquello que contemplamos.

Con la meditación vamos más allá, alcanzando un estado de paz mental donde nada externo o interno nos distrae, donde la atención está centrada en nuestro propio estado de tranquilidad, en el vacío hermoso en nuestro interior, donde no existe voz interna ni externa que nos saque del reposo absoluto que anhelamos, donde no existen imágenes. En ese momento la mente está en blanco, libre de nuestras reacciones, de nuestras emociones, de nuestros pensamientos y de toda reflexión.

La oración también nos encamina hacia nuestra paz interior porque nos concentramos en sus palabras, logrando que el mensaje de la oración ocupe nuestra mente. Son palabras que despiertan lo mejor de nosotros y nuestros buenos sentimientos. En la oración nos abandonamos al significado de las palabras y, además, nos abandonamos al espíritu de Dios. Los eventos de nuestro pasado y del presente, junto a nuestras proyecciones del futuro, dejan de ser el centro de nuestra atención al depositar todos ellos en manos de Dios, en su fuerza providencial.

En la oración descansamos en los brazos de Dios como el niño lo hace en los de su madre. Nos abandonamos a su fuerza protectora, confiando en su divina misericordia y en su amor hacia nosotros, de la misma manera que los hijos confían de sus padres. Estamos en reposo absoluto porque estamos en los brazos de Dios.

En resumen, el propósito principal, tanto de los ejercicios sensoriales o de respiración así como los de contemplación, meditación y oración, es silenciar la mente hasta alcanzar un estado de reposo absoluto, sin la carga pesada de nuestros pensamientos y nuestras emociones, sin la tensión que generan nuestras inseguridades y nuestros miedos.* En ese silencio sentimos la paz interna que tanto anhelamos...

* Existe un sinnúmero de libros, orientales y occidentales, dedicados a las diferentes maneras de silenciar nuestra mente, desde los escritos de yoga o relajación hasta los textos de oración. Escritores como Herbert Benson, Ignacio Larrañaga, Anthony de Mello y muchos otros han explicado los detalles de estos recursos y, por lo tanto, incluyo las referencias de sus trabajos al final del libro para su buen uso.

27

... y nos sentimos abrumados por la indiferencia del universo ante nuestra corta existencia

Uno de los puntos cardinales de nuestra vida es el hecho de que nuestra existencia será olvidada con el paso del tiempo, quizá pocos meses después de nuestra muerte. Es natural que ocurra así, por la sencilla razón de que estamos hechos para vivir en el presente y no atados al pasado. Aquellos que sobreviven al que muere empiezan a recuperarse de la pena causada por la separación tan pronto restablecen contacto con su presente inmediato. Es en el presente donde está la cura para nuestra pena.

De una presencia nos convertiremos en un recuerdo. Inicialmente nuestro recuerdo revivirá tristes emociones en nuestros sobrevivientes, pero con el tiempo dejará de hacerlo de la misma manera, hasta cuando llegue el día que pasaremos a ser parte de la larga columna de retratos de los antepasados, que están colgados en los hogares de nuestros descendientes o encerrados en baúles que contienen las pertenencias del pasado. Esa indiferencia inevitable es parte de nuestro destino, porque somos meramente "un suspiro" y no eternos ante los ojos de la humanidad.

Aunque somos conscientes de las ventajas de un mundo de cambios como el que vivimos, anhelamos también un mundo donde no exista el tiempo. Sentimos una envidia profunda por aquello que consideramos eterno, por un mundo inanimado, que nos emboba por su constancia: por la aurora y el ocaso del día, por el cielo y la noche, las montañas y los llanos, los mares y los ríos.

Ese es el gran atractivo de la naturaleza. Vivimos en ella nuestra propia eternidad. Tenemos una muestra de lo que es eterno, de aquello cuya existencia no tiene tiempo, de Dios mismo y de su eterno presente. En efecto, sentimos un gran consuelo y tranquilidad ante todo aquello que nos recuerde lo eterno.

Ahora entiendo por qué a mi hijo Federico le gusta tanto el mar y, sobre todo, el poder flotar libremente sobre las aguas espumosas en su tabla de *surfing*, mientras observa el altibajo de las olas en busca de la mejor. No tengo duda alguna de que disfruta enormemente practicar ese deporte, pero a la vez deriva gran placer de estar horas muertas viendo las olas que suben y bajan frente a sus ojos, en un incesante movimiento. Decimos que son horas muertas porque el tiempo deja de existir para ellos y, cuando menos lo esperan, toda una mañana y una tarde han pasado frente a su mirada sin darse cuenta de ello.

Sería difícil convencer a los *surfers* de que el vaivén en ese tiempo muerto es lo que verdaderamente más placer les da, porque durante ese momento tienen la oportunidad de vivir en un mundo donde no hay tiempo y donde su mente y corazón entran en un reposo absoluto, en un mundo que se asemeja a la morada misma del Señor y a su maravillosa eternidad donde encuentran consuelo ante la fugacidad de sus vidas.

De hecho, nuestro mayor consuelo ante el temor a la no existencia no reside en lo temporal, sino en lo eterno, en Dios mismo, nuestro Creador. Habrá otros grandes consuelos como el que encontramos en el reconocimiento de nuestros seres queridos como muestra de agradecimiento por el papel determinante que hemos jugado en el destino de sus vidas, o en el legado que le dejamos a la humanidad a través de nuestras obras, bien sea en las artes o en cualquier otro oficio donde hemos dejado nuestra huella. Sin embargo, sólo en la eterna morada del Señor podemos vivir nuestra propia eternidad. Es ahí donde encontramos nuestra verdadera paz interior ante la indiferencia del universo hacia nuestra existencia. Aunque con el tiempo pasemos al olvido ante la historia de la humanidad, aunque seamos un mero "suspiro", para Dios seremos eternos.

28

Cuando hemos perdido toda esperanza

La mitología griega consta de un sinnúmero de cuentos sobre las vidas de dioses paganos y otros personajes imaginarios, los cuales, con el tiempo, han servido de fuente de inspiración para muchos de los grandes escritores y filósofos de la literatura mundial. Una de sus historias trata sobre la desgracia de Sísifo quien, por desobediencia, es condenado por Zeus a empujar una enorme roca hacia la cima de una montaña, pero lo hace en vano, pues la roca rueda cuesta abajo justo cuando está por llegar a la meta. El castigo consiste en tener que repetir esa labor perpetuamente sin el consuelo de un descanso en su larga hazaña.

En efecto, la condena es una larga tortura encaminada a desproveerlo de uno de los alimentos más esenciales para poder vivir y seguir adelante: de la esperanza. Es la presencia o ausencia de la esperanza por alcanzar la cima lo que hace que la roca sea liviana o, al contrario, enormemente pesada.

El destino de Sísifo no está muy lejos de las vivencias del hombre en algunos momentos tormentosos en la historia de la humanidad. En su libro ***Man's Search for Meaning***, el ilustre siquiatra Víctor Frankl nos hace un escalofriante recuento de sus interminables días en un campo de concentración durante la Segunda Guerra Mundial. Hora tras hora exponían a los prisioneros a situaciones inhumanas: de frío, hambre, humillación, tortura y enfermedad que ponían a prueba su capacidad para sobrevivir, mientras trabajaban como esclavos haciendo labores pesadas. Día tras día, con deliberada intención, se les recordaba que su destino no iba a cambiar y que, para ellos, no existía un rayo de esperanza.

Lo increíble del caso es que, no empece la gravedad de la situación, algunos prisioneros, como el mismo Dr. Frankl, pudieron sobrevivir para contar sus historias. Nos señala el autor que el rasgo inconfundible que separaba en gran medida a los sobrevivientes del resto de los compañeros era su inquebrantable apego a la esperanza, el anhelo de poder compartir de nuevo con sus seres queridos de los cuales habían sido separados. Esta esperanza les daba fuerza para centrar sus mentes en la tarea de sobrevivir, formando grupos de apoyo que por las noches cuidaban de sus enfermos, elaboraban planes para mejorar la higiene de las celdas y hasta se las arreglaban para conseguir medicamentos de los carceleros. Cierto es que no sólo sobrevivieron a las crueldades físicas y emocionales impuestas por los guardias, sino también a las enfermedades que se apoderaban de sus cuerpos débiles.

¿Cómo es que la esperanza puede originar tanta fuerza en el ser humano? No lo sabemos con certeza, pero las historias de estos sobrevivientes, al igual que las de muchos otros que han hecho hazañas parecidas, sirven de testimonio para reafirmar el valor curativo de la esperanza. Da la impresión de que lo mejor de nosotros sale a flor de piel cuando nos llenamos de esperanza, haciéndonos más fuertes.

Con el tiempo la ciencia ha podido explicar mejor algunos de los fenómenos que suceden en nuestro cuerpo, tanto cuando nos llenamos de esperanza, como cuando no la tenemos. Posiblemente conocemos más de lo último. Hemos podido cuantificar una disminución en nuestro sistema inmunológico cuando sometemos nuestra mente y nuestro cuerpo a momentos de profunda pena como sucede con la muerte de un ser querido. En los estudios hechos a los esposos cuyos cónyuges mueren de cáncer de seno, se documentó una merma en su sistema inmunológico, que explica en parte por qué este grupo está mucho más propenso a enfermarse después de la muerte del cónyuge.

Asimismo hay estudios recientes que confirman un hallazgo que todos hemos vivido en carne propia: nuestra vulnerabilidad a las infecciones respiratorias cuando estamos pasando momentos de crisis personal. Incluso hay enfermedades virales que yacen latentes en nuestro cuerpo, sin rasgo alguno de su existencia, salvo cuando estamos en época de gran tensión, como sucede con el virus de herpes. Al deprimirse nuestro sistema inmunológico con el estado de tensión, el virus se activa y prolifera, mostrando sus síntomas clínicos.

Evidencia del valor terapéutico de la esperanza en nuestra vida la encontramos en los miles de casos de enfermedad grave que no siguen el curso previsto para esa condición. Estos constituyen el grupo de la excepción, como bien indicó el Dr. Bernie Siegel en su famoso libro ***Love, Medicine and Miracle.*** En los estudios científicos solemos centrar nuestra atención en los resultados de la mayoría de los casos, olvidándonos de aquel pequeño grupo que no ha seguido el comportamiento del grupo mayor. Por tal razón, los resultados halagadores de ese pequeño conjunto, no salen a relucir.

No obstante, todo médico experimentado ha tenido la edificante experiencia de toparse con pacientes que pertenecen a este grupo. Siempre me llena de asombro este paciente, no sólo porque logró vivir más tiempo, sino por la esperanza que resplandece en sus ojos y su rostro. Lo interesante es que la esperanza en la mayoría de ellos no está encaminada solamente a sobrevivir la enfermedad, sino que usualmente hay otro propósito más allá. Puede ser algo tan sencillo como ver a su hijo graduarse o su nieto nacer o, más bien, ver a su hijo casado o encaminado hacia una ruta mejor. Son metas concretas, similares a las de los sobrevivientes de los campos de concentración, quienes añoraban compartir de nuevo con sus familiares queridos.

Recuerdo a Beatriz, una paciente de cáncer pancreático. Tenía sesenta años, viuda y madre de un hijo. Después de diagnosticarle su condición decidí enviarla a un oncólogo, el especialista en tumores, para determinar su mejor tratamiento.

Posteriormente ella me relató su visita al consultor y los resultados de los nuevos estudios. Después de dos sesiones, con una tristeza perceptible, le informó que no había nada más por hacer. Incluso me la refirió sin pautar futuras visitas.

Regresó enseguida a mi consultorio y me comentó brevemente el resultado de su visita al especialista. Sin embargo, era obvio que ya esa información no le preocupaba mucho; su inquietud era por su hijo de treinta años. Éste padecía de unas fobias que no le permitían salir de la casa y menos buscar trabajo. Peor aún, nunca había buscado ayuda profesional. ¿Cómo se las arreglaría solo su hijo después de su muerte? Esta era ahora su mayor preocupación.

Establecí un programa de nutrición y medicamentos conforme a sus necesidades y le recomendé la ayuda de un sicólogo tanto para ella como para él en aquellos momentos tan difíciles. Afortunadamente, su hijo estuvo de acuerdo con la ayuda.

Lo interesante de sus visitas posteriores tenía que ver con su insistencia por pedir una cantidad excesiva de los medicamentos recetados. Desde el principio su condición era sumamente grave y, por tal razón, consideraba apropiado que las comprara en cantidades pequeñas, justo para cumplir con el mes. Se lo informé, pero tan insistente fue ella en su pedido por un número mayor que nunca más le traje el tema, ordenándole las medicinas para tres meses, según sus deseos. "Doctor, recuerde que pienso usarlas todas", me aseguró Beatriz con un tono firme y, a la vez, apacible en la voz.

Para mi sorpresa, pasaron tres meses, luego tres meses más y así sucesivamente, durante año y medio. Fue entonces cuando me dijo que ya su hijo había mejorado mucho de sus fobias y hasta había conseguido un trabajo. En medio de su dolor físico estaba feliz y su rostro reflejaba una paz interior impresionante. Beatriz murió al mes. Había logrado su meta y mucho más.

Vivir con esperanza es sin duda una de las características más hermosas y más importantes del hombre. Desde que nacemos vivimos en un mar de esperanzas y navegamos al compás de las metas que el destino nos trae. Cuando niños, nos movemos de una etapa de crecimiento a otra y luego de un grado escolar a otro. Como adolescentes, seguimos en esa trayectoria ascendente y ya como adultos asumimos metas de mayor responsabilidad hacia los demás. Nos pasamos toda una vida subiendo de un peldaño a otro en busca de la plenitud de nuestro ser, movidos por la esperanza de alcanzarla. Por eso se nos hace imposible separarnos de nuestra esperanza; sería como quitarnos un alimento esencial para nuestra existencia.

Ni siquiera la enfermedad más grave podrá arrebatarnos esa semilla, de la cual nace la esperanza. Incluso como señalé en mi libro, *Reflexiones para el enfermo y su familia*, aun cuando hayamos perdido la esperanza en la cura, siempre nos queda una última esperanza, quizá la más importante de toda nuestra existencia: la esperanza de lograr la paz interior o de rescatarla después de haberla perdido a causa de una enfermedad, como bien lo hizo Beatriz. En esta esperanza estriba quizá nuestro mayor reto en la vida.

Bibliografía

Benson, Herbert. *Your Maximum Mind*. New York: Avon Books, 1989, 254 p.

Bettelheim, Bruno. *The Informed Heart*. New York: Avon Books, 1971, 304 p.

Braden, Nathaniel. *The Psychology of Self-Esteem*. 14. ed. New York: Bantam Books, 1980, 260 p.

Buscaglia, Leo. *Reflexiones sobre el Amor*. 7. ed. Buenos Aires: Emecé Editores, 1992, 367 p.

Camus, Albert. *The Myth of Sisyphus and other Essays*. 4. ed. New York: Alfred A. Knopf, Inc., 1961, 212 p.

Cardenal, Ernesto. *Vida en el amor*. 4. ed. Salamanca: Ed. Sígueme, 1987, 169 p.

Cousins, Norman. *Anatomy of an Illness*. New York: Bantam Books, 1981, 173 p.

Ellis, Albert y Robert Harper. *A New Guide to Rational Living*. No. Hollywood: Wilshire Book Co., 1977, 233 p.

Ellis, Albert. *How to Live With and Without Anger*. New York: Reader's Digest Press, 1977, 288 p.

Erikson, Erik. *Sociedad y adolescencia*. Trad. de Andrés Martínez Corzos. México: Siglo XXI Editores, 1972, 179 p.

Frankl, Víctor. *The Unconscious God*. New York: Washington Square Press, 1985, 161 p.

_________. *Man's Search For Meaning*. New York: Washington Square Press, 1985, 221 p.

Fromm, Erik. *El arte de amar*. Trad. de Noemí Rosenblatt. 2. reimpresión. Barcelona: Ed. Paidós, 1980, 128 p.

Girzone, Joseph. *Never Alone*. New York: Doubleday, 1994, 115 p.

Hauk, Paul. *Overcoming Depression*. 5. ed. Philadelphia: The

Westminster Press, 1976, 141 p.

Hernández, Jorge. *Reflexiones para el enfermo y su familia*. 2. ed. Salamanca: Ediciones Sígueme, 1995, 110 p.

Hittleman, Richard. *Guide to Yoga Meditation*. New York: Bantam Books, 1969, 192 p.

Horney, Karen. *Nuestros conflictos interiores*. Trad. de J. Martínez Alinari. Buenos Aires: Ed. Psique, 1976, 186 p.

__________. *Neurosis y madurez*. Trad. de J. Martínez Alinari. Buenos Aires: Ed. Psique, 1973, 395 p.

Ilich, Iván. *Némesis médica*. 2. ed. Barcelona: Barral Editores, 1975, 218 p.

Jung, Carl. *The Undiscovered Self*. Trad. de R. F. C. Hull. 7. ed. New York: Mentor Books, 1959, 125 p.

Krishnamurti, Jiddu. *La educación y el significado de la vida*. 2. ed. Barcelona: Ed. Krishnamurti, 1967, 149 p.

Kushner, Harold. *When Bad Things Happen to Good People*. New York: Avon Books, 1981, 149 p.

Kubler-Ross, Elizabeth. *On Death and Dying*. New York: Macmillan, 1970, 289 p.

Larrañaga, Ignacio. *Sube conmigo*. 2. ed. Bogotá: Ed. Paulinas, 1987, 229 p.

Lazarus, Arnold y Allen Fay. *I Can If I Want To*. New York: William Morrow, 1975, 118 p.

May, Rollo. *La valentía de crear*. Trad. de Pablo Emilio Vecino. Buenos Aires: Emecé Editores, 1977, 209 p.

__________. *Man's Search For Himself*. New York: Delta Book, 1953, 281 p.

Mello, Antonio de. *Sadhana, un camino de oración*. 12. ed. Santander: Ed. Sal Terrae, 1988, 142 p.

__________. *El manantial*. 5. ed. Santander: Ed. Sal Terrae, 1988, 284 p.

Merton, Thomas. *Contemplative Prayer*. 2. ed. New York: Doubleday, 1989, 116 p.

Moore, Thomas. *Care of the Soul*. New York: Harper Perennial, 1994, 512 p.

Morales, Luis. *El valor curativo de la esperanza*. San Juan: Ed. Cordillera, 1970, 48 p.

Siegel, Bernie. *Love, Medicine and Miracle*. New York: Harper & Row, 1990, 243 p.

Tagore, Rabindranath. *Collected Works*. New York: Gordon Press, 1972.

Tillich, Paul. *The Eternal Now*. New York: Charles Scribner's Sons, 1962, 185 p.

__________. *El coraje de existir*. Trad. de José Luis Lana. 3. ed. Barcelona: Ed. Laia, 1973, 180 p.

Vallés, Carlos. *Gustad y ved*. 3. ed., Santander: Ed. Sal Terrae, 1992, 184 p.